只有观世界，才有世界观

魏文涛　著

SPM 南方传媒｜广东人民出版社
·广州·

图书在版编目（CIP）数据

只有观世界，才有世界观 / 魏文涛著. -- 广州：广东人民出版社，2025. 3. -- ISBN 978-7-218-18273-5

Ⅰ. I267

中国国家版本馆CIP数据核字第2024KX0362号

ZHI YOU GUAN SHIJIE, CAI YOU SHIJIEGUAN

只有观世界，才有世界观

魏文涛　著

出 版 人：肖风华

责任编辑：廖智聪
装帧设计：友间文化
责任技编：吴彦斌　赖远军

出版发行：广东人民出版社
地　　址：广州市越秀区大沙头四马路10号（邮政编码：510199）
电　　话：（020）85716809（总编室）
传　　真：（020）83289585
网　　址：http: //www. gdpph. com
印　　刷：广州市豪威彩色印务有限公司
开　　本：787 mm×1092 mm　1/16
印　　张：17　　字　　数：200千
版　　次：2025年3月第1版
印　　次：2025年3月第1次印刷
定　　价：49. 00元

如发现印装质量问题，影响阅读，请与出版社（020-85716849）联系调换。
售书热线：（020）87716172

点亮智慧的火炬

——文涛散文集《只有观世界，才有世界观》序

迟浩田

春华秋实，岁物丰成。我高兴地收到了文涛同志的新书，细细地品读书中的每段文字，宛如清泉涌流，温润心田。认真咀嚼里面的每篇文章，感觉很有意思。可以说，这是一部富有哲理、蕴含思辨、启迪思想的散文作品，犹如点亮智慧人生的火炬。

文涛同志是一位热爱生活、多才多艺、酷爱写作的退役军官，他自小就生长在长江岸边，是奔腾不息的江水，滋养了他的灵魂，开阔了他的胸襟；是火热的军旅生活，磨炼了他坚不可摧的意志，培养了他正直严谨的作风。戎马三十五载，转业亦有历年，从一名普通战士成长为优秀武警指挥员，从部队到地方，岁月的积累与沉淀，使他对人生百态有着与众不同的洞悟，对社会万

象有着超越世俗的独到见解。正是因为有了如此丰富的人生经历，他才拥有了不同凡响的世界观。

而文涛同志的这部散文集，无论是抒情的，还是叙事的，或是议论的，都做到了形散而神聚。他写的每篇文章，运用语言，就像指挥作战演练，总是将部队调动得和谐有序，呈现着钢铁长城的威严；他的语言表达，如同指挥部队正步走，既铿锵有力，又整齐划一，从容不迫地表达着他的世界观、人生观、价值观。

正所谓，文如其人，见字如面。品读他的这部文集，如同与他心灵对话，行云流水间，通俗易懂的人生哲理，娓娓道来，字字入情，句句倾心，柔情中藏着锋锐，恬淡中隐着力量，毫无雕琢之态，极具共鸣感。他的散文不长，短小精悍，多则三五千字，少则一两千字，三五七言，如诗如歌，短促有力，韵味十足。例如《铭记历史，致敬英雄》一文，篇幅短小，内容气势磅礴，语言掷地有声，震撼力极强。这些写作特征，既符合他的性格，又符合当下思潮，具有新时代的鲜明印记，契合大众口味，顷刻间与读者心灵共舞。

透过文涛的锦绣文字，你会真切地感受到，他的认识追求真，他的品格追求善，他的情感追求美，这既是他做人的境界，也是他孜孜以求的目标。正如他在《人到中年，也应该有诗和远方》一文中说的，“人”字的写法：“一撇写过前半生，写的是执着；一捺写尽后半生，写的是释怀。”这种超然的释意，是他观世界形成的世界观，更是他人生轨迹的真实写照。老子在《道德经》中说：“天之道，利而不害；圣人之道，为而不争。”而在人生道路上，他永不言弃，从不停歇，永远在前行，有追求，不强求，坦然面对一切，这就是他坚守的大道与释怀，也是他的人生哲学和济世态度。

总而言之，文涛同志的《只有观世界，才有世界观》，从内容到形式，都是一部源于生活、高于生活的哲学思考录，可谓腹有山川之美，胸藏万千气象，琴棋书画，笔墨纸砚，如琢如磨，如峰如巅。谈笑中胸有丘壑，漫步间惊鸿一瞥。愿这本书，在寒来暑往、秋收冬藏间给大家带来新颖的感悟，使大家领略到别样的景致。

是为序。

迟浩田

2024年冬于北京

神枪手的绝活

岭南有位魏文涛，枪法如神，救人如救火。2009年4月24日，汕头市一家店铺遭了贼，那贼人狗急跳墙，竟将女店主扣作人质。汕头警方围得铁桶似的，苦口婆心劝了6小时，那贼人却似茅坑里的石头，又臭又硬。文涛时任武警汕头支队支队长，他握着手枪，如关帝爷提青龙偃月刀，指挥若定。眼看贼人就要下毒手，千钧一发之际，文涛手起枪响，击中贼人要害，贼人应声倒地，人质安然无恙。这一枪，打出了威风，打出了正气，文涛因此荣膺第十三届“中国武警十大忠诚卫士”的荣誉称号，实至名归。

谁能想到，十六年后的今天，这位神枪手竟摇身一变，成了“文字园丁”，出版散文集《只有观世界，才有世界观》。那一枪毙命的绝活，如今竟化作了文涛散文的独门秘籍：字字珠玑，句句入心，专往人性最柔软的角落轻轻一戳，让人于感动中领悟生活的真谛。这哪是写作？分明是用文字的温柔子弹，精准击中读者心中的共鸣点，让人于阅读的芳草地，收获满满。

都说散文家该当社会的园丁，细心培育人心中的美好与和谐。而文涛就是这样的作者，他的如椽之笔，常常是探索人心里那些微妙的情感价值：家风如何传承？私欲如何平衡？这比揭露几个贪官复杂得多。您想啊，揭露贪官，百姓还能拍手称快；可要探讨家庭关系的微妙、内心的挣扎与欲望，那可是要触及人的灵魂深处。而文涛就敢深入这片领域，拿笔当探针，轻轻触碰人心深处的情感与矛盾——到底是洞察人性的智者，笔触就是细腻。

文人墨客们常在纸面上构建“监督”与“制衡”的框架，而文涛的笔锋直指掌权者的内心世界。《权力到手，人就开始与自己决斗》这一雄文，犹如黑夜中的一道惊雷，震撼人心。显然，作者是深谙领导干部心理学的，其文笔如解剖刀般精准，将掌权者的内心世界剖析得淋漓尽致——贪欲如饕餮般张开血盆大口，公心则如獬豸般亮出独角。作者如庖丁解牛般，剖析宦海浮沉中的幽微心思，远比那些在权力外围兜圈子的肤浅文章高明得多。尤为难得的是，作品坚守公仆本分的要义，犹如航船紧守灯塔，任凭波涛汹涌、暗礁潜藏，始终沿着正确的航向挺进。这种以心理学为镜，照见权力本相的笔法，为权力题材写作提供了全新的视角与更高的思考维度 ，拓展了散文创作的领域与边界。

寻常巷陌里的柴米油盐，倒叫他写出黄钟大吕的磅礴来。《一个家庭最好的风水，就是好好说话》这标题，乍看像是供在神龛上的紫檀屏风，细瞧竟是插在案头的镇纸铁尺！寻常劝和的言语，经他之口，恰似一阵春风，能轻柔地拂去人们心头的寒霜。那“好好说话”四字在寻常百姓家，少不得要过三昧真火的——老爷子看报上的退休金数目要瞪眼，小年轻刷手机里的短视频要撇嘴，婆媳间递个汤碗都带着硝烟味。偏他敢把孝字当晨钟暮鼓敲，把慈字作驯鹰的牛皮绳使。这种将日常琐事细腻地铺陈开来，如同将小区里每一片落叶的轻响都记录在心的写法，恰似一位明察秋毫的花匠，不仅照料着花开的绚烂，更留心于每一片叶的脉动。让人在平凡中发现不平凡，在简单中洞见不简单，于阅读中感受到一种温暖而深刻的共鸣。

要说最绝的，还是老魏那手“金句点射”的功夫，电光石火般耀眼，直截了当揭示事物规律。“欲望过高就是痛苦的开始”，这话跟子弹似的，嗖的一声穿透现代人那层焦虑的防弹衣；“强者，是含泪奔跑的人”，一句话就把成功学的遮羞布撕得稀烂；“善良是一种人性的光辉”，宛如一盏高悬在人性迷途中的明灯，把我们探寻价值真谛的前进道路照亮；“思维观念才是真正的王牌”，这句箴言恰似一把万能钥匙，能开启成功的每一扇门，解锁无尽可能。正是这些金句的精准表达，作品就像是淬了火似的，瞬时就有了斩钢杀铁的力度，平添了思想的新度、深度与锐度。

说到底，老魏这些寻求生命价值、重构生活美学的作品，本质上是作者心灵与世界的对话，是探索人类情感深度与广度的壮美展现。而这种展现，没有沾沾自喜的优越感，没有患得患失的得失心，只有沉静的自信和壮阔的谦卑。

魏文涛的作品之所以如此硬核，依我之见，四句话便可道破天机。其一，他枪法如神，全赖千万次的苦练，终获“全军爱军精武标兵”之誉；如同练枪一样，自爱上创作以来，他是海量书写，笔耕不辍，故其作品中流淌的始终是一往无前的锐气。其二，他将书当零食来啃，从《孙子兵法》《史记》到《林海雪原》，文史哲的经典名著，一本接一本地读，摘得“全军十大学习成才标兵”殊荣，故作品中展露的就是博采众长的浩气。其三，他深谙叔本华“思考重于阅读”之理，脑子如陀螺般一刻不停地转，垒筑起“我思故我在”的思想高塔。多年来，他先后出版《走近智慧》《不奋斗，还要青春干什么》等多部著作，其中《新时期部队建设箴言妙语精粹》还被列入军营教科书。展现于这些作品中的正是深思熟虑的大气。其四，业余时间，他撰歌词、弹古筝、练书法，以汲取灵感和创造力，故其作品中流露的是融会贯通的灵气。

然而，我以为，无论他如何修炼，那军人坚毅的气质始终未变。您看他写散文的功夫，不急不躁，笔触细腻，宛如春风拂过湖面，激起层层涟漪。在他的笔下，每一个字都似精心挑选的种子，播撒在思想的土壤里，慢慢生根发芽，最终开出洞察世道人心的花朵。这哪里是简单的写作？分明是心灵的耕耘与收获。

您要问这书值不值得读？这么说吧，读别家的散文像喝功夫茶，讲究个唇齿留香；读魏文涛的散文，就是感悟作者生命体验的投射，感受血性与灵性交织碰撞的审美爆破力。

张泽勇

2025年1月18日

（作者简介：张泽勇，系中国作协会员，中国小说学会会员，高级编辑，宜昌市作家协会名誉主席，在《人民日报》《光明日报》《湖北日报》《羊城晚报》《长江文艺》《朔方》等报刊发表散文、小说、评论作品，出版《小说之秘》等多部著作。）

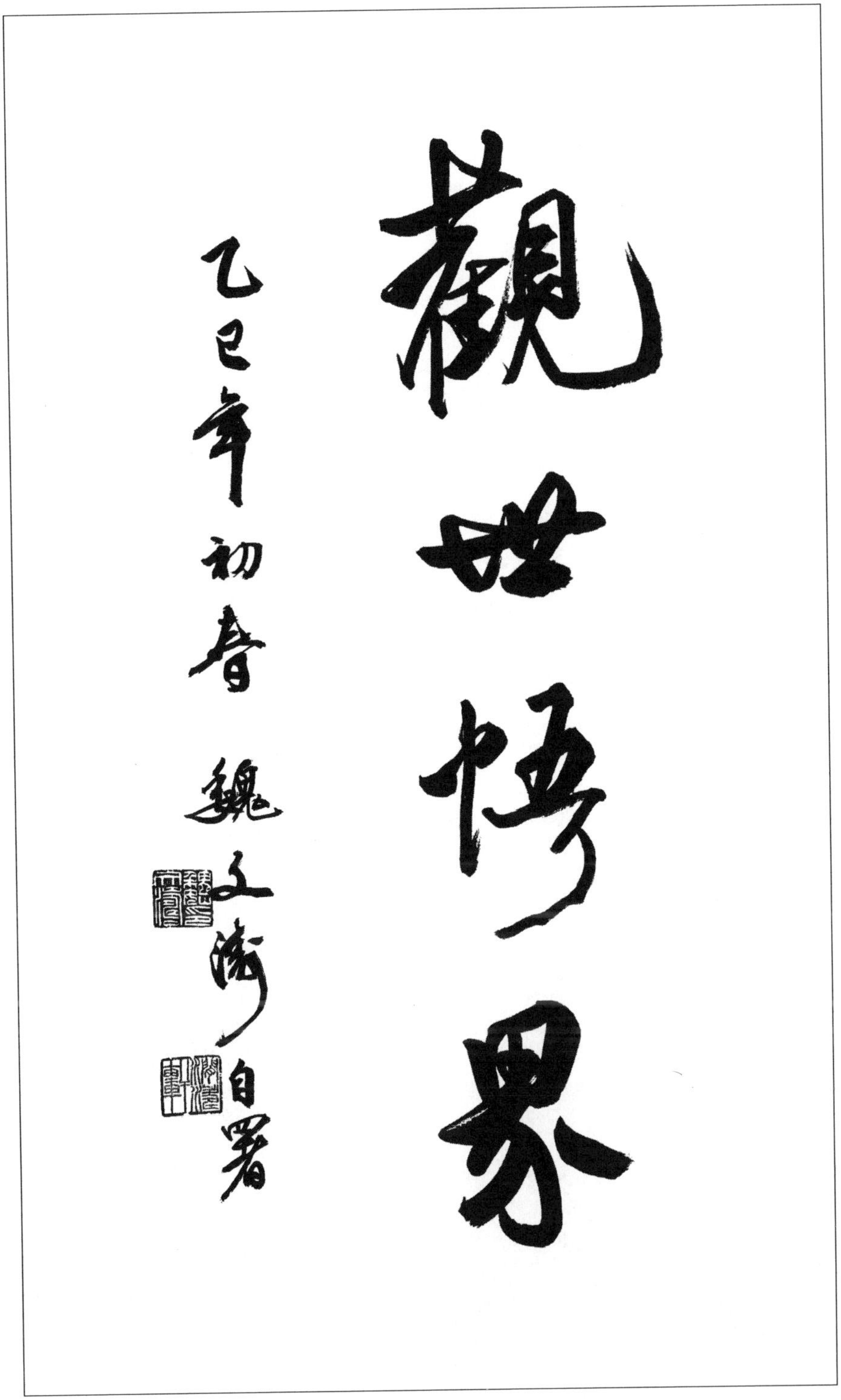
觀世悟界
乙巳年初春 魏文濤自署

目录
CONTENTS

第一章
修　身

欲望过高就是痛苦的开始 ... 002
永远不要透支自己的信用 ... 007
一个人最好的修养是懂得尊重 ... 013
健康是人生的最大福利 ... 018
善良是一种人性的光辉 ... 024
强者，是含泪奔跑的人 ... 029
嫉妒的底色是对别人的仰望 ... 034
喝下人生三碗水 ... 041
不要站在烦恼里仰望幸福 ... 046
学习知道别人怎么做，思考知道自己该怎么做 ... 052
瞎忙，比闲着更可怕 ... 059

第二章
齐　家

一个家庭最好的风水，就是好好说话 ... 066
疼你的永远是娘 ... 071
努力成为孩子选对的父母 ... 076
哄她捧他，是爱的最好养料 ... 087
父母的爱，是你永远报不完的恩 ... 095
家的港湾是你永远温暖的怀抱 ... 102
爱的最高境界就是懂你 ... 107
梦里重逢 ... 113
好的妻子就是你生命中的贵人 ... 118
不要在遇到难事时才想起父母 ... 127

第三章
观世界

莫让错过成为过错 ... 134
权力到手，人就开始与自己决斗 ... 139
世上所有的坚持，都是出于热爱 ... 146
趁年轻，别把愿望等成了遗憾 ... 152

不折腾，你就永远只是在做梦 ... 156
不后悔曾经当过兵 ... 162
拿掉大脑中所有的限制，创造下一个奇迹的就是你 ... 167
为公司赚钱就是给自己加薪 ... 173
思维观念才是真正的王牌 ... 180
人到中年，也应该有诗和远方 ... 186
铭记历史，致敬英雄 ... 191
科技之树该如何点亮？ ... 196
角度改变观念，视野把握人生 ... 203
不要在奋斗的年龄选择了安逸 ... 209
朋友不在远近，贵在真心 ... 214
聪明的人不一定有智慧 ... 221
知足常乐，才不会盲目攀比 ... 228
矢志报国，皆为中华之崛起 ... 233
观世悟界 ... 241

后　记 ... 247

第一章

CHAPTER1

修　身

只有观世界，才有世界观

欲望过高
就是痛苦的开始

人的欲望是无止境的，一味地索取会让心灵疲惫不堪。欲望是一个神奇的东西，很多时候我们渴望得到一些东西，得到之后却总是不以为然。我们手中明明握着别人羡慕的东西，却总是在羡慕别人所拥有的一切。很多时候压力不是社会给的，而是我们自己找的。当一个人的欲望超出他的能力时，他就会感觉到特别疲惫。你有了钱就觉得缺物质，你有了物质就觉得缺精神，当你什么都有了，你就开始烦了、厌了、空虚了。其实生活永远满足不了人的全部欲望，贪心过重，幸福和快乐就会被自己的欲望活活累死。这种累，是一种身心疲惫的累，是一种心力交瘁的累，是一种不堪一击的累。

人世间，两种东西填不满，一种是大海，一种是欲望。大海填不满，是因为它有博大的胸怀和包容度；欲望填不满，是因为它有人性的贪婪和无知。如果欲望膨胀为贪欲，则会成为可怕的反动力；如果欲望膨胀到没有节制，就是一种不沾毒品的吸毒。当贪婪和欲望已经从血液渗透到灵魂，你就别想他们还有良知的存在了。要想摧毁一个人，最有效的办法就是不断地满足他的欲望，因为最低级的欲望是通过放纵来获取，最高级的欲望是通过克制来获得。所以，无论世事沧桑，我们都应该克制自己内心无限膨胀的欲望。

人生路上，我们都在追寻内心的欲望，享受着欲望带来的利益和好处。有人希望有权有势，有人渴望挥金如土，有人盼望功成名就，有人期望逍遥自在。不同的人生观和价值观，带来了人与人之间欲望的差异，直接影响每个人的处世风格。如果你的价值观是建立在财富、权力和虚荣上，那么你就容易失去人性的本真，不仅会让自己陷入痛苦中，还会把痛苦传递给身边人；如果你能树立正确的价值观，找到自己的兴趣爱好，掌握控制欲望的方法，牵好欲望的缰绳，那么你就不会被一时的冲动和眼前的利益迷惑，生活将变得更加充实而丰盈。其实我们的生活原本没有痛苦，当你开始计较得失、贪求更多时，痛苦便来纠缠你的内心；生命原本没有烦恼，当你开始不切实际、好高骛远、贪大求全时，烦恼便来敲响你的心门。

人生就像爬山一样，本来是到山顶看风景的，可身上背着各种各样的欲望包袱，欲望背负越多，越难向上攀爬，别说险峰上的无限风光无缘尽览，就连欣赏沿途景色的快乐也荡然无存。欲望既能把人推上成功的巅峰，也能把人拖进失败的深渊。让人失去理智的，通常是外界的诱惑，耗尽一个人心力的，往往是自己的欲望，永远不要低估人性深处的贪婪和建立在贪婪之上的固执。哲学家罗素曾说："人的放纵是本能，自律才是修行。"只要做到人之常情自控、无人监督自律、生活享受自制，我们自然能够挣脱欲望的枷锁，放飞心灵的自由。当你的心放宽之后就会发现，很多东西其实并没有你当初想象得那么重要，当初之所以那么执着想要得到或者害怕失去，一切不过是欲望的执念在作怪罢了。把执念抛弃，把欲望降低，很多事情便能真正放下。我们每天见到的都是一样的阳光，房子再大只睡一张床。不必为得到而沾沾自喜，也不必为失意而烦恼丛生，学会知足常乐，用一颗不生气、不计较的平常心坦然面对，才会活得踏踏实实、快快乐乐。

如果幸福只是某种欲望得到了满足，那一定是短暂的。真正的幸福并不在于欲望的满足，而在于内心的平和与宁静。别把身外之物看得太重，要懂得去克制自身的欲望，只有学会放下，你才能腾出手来把握自己真正想要的东西。如果太看重位子，贪恋着票子，算计着圈子，放不下架子，撕不开面子，后面的日子就会越活越累。欲望的无穷，其实就是内心的贫穷。真正的贫穷，不是衣服的破洞，而是心上的无底洞。权钱争到手了，幸福不见了；名声争到手了，快乐不见了；利益争到手了，内心不安了。别让一颗心不堪重负，谁的身体都是血肉之躯，都会受伤；别把一颗心逼上绝路，谁的心灵都非草木顽石，都会疼痛。有些东西，注定与你无缘，你再强求，最终都会离你而去；有些人，只能是你生命中的过客，你再留恋，到头来所有的希望终会变成失望。

人这一生，不能为欲望而活，要为幸福而生。好的生活不是拼命地透支，而是缓缓而行，在这个物欲横流的时代，当我们被欲望追赶，步子迈得太快太大，就容易丧失自我。要懂得给欲望做减法，学会与内心和平相处，坚守一份清醒和自持，保持自己的步调，才能内心强大，看到属于自己的真正模样。我们要学会用一颗平常心去面对生活中的种种诱惑，努力成为更好的自己，坚守底线、待人真诚，始终做到不为利益忘却良知，不为欲望迷失初心，不为金钱沦丧道德，少一点贪婪，多一点淡泊，少一点欲望，多一点知足，幸福就一定在你的身边，我们要做欲望的主人，不能做欲望的奴隶。要知道，欲望过高，就是痛苦的开始。

永远不要透支自己的信用

信用是一笔无形的资产，它不同于商品的明码标价，却有着不可估量的价值。如果你透支了体力，休息休息总会恢复；如果你透支了金钱，开源节流总会回本；可如果你透支了信用，费再大的体力，用再多的金钱，都换不回别人对你的信任。因为信用如同一面镜子，一旦有了裂痕，无论你的真实面貌如何，反射出的影像总会带着扭曲。

假如说人生是一场旷日持久的修行，那么信用则是这条路上最宝贵的行囊。想象一下，一个没有信用的世界会是怎样的光景：合同成为废纸，承诺如同泡影，连最亲近的人之间也充满了猜忌和不安。人的信用就和信用卡一样，不断地消费，定期地还款，银行给你的额度就会不断地增加，这个是信誉的积累；信用卡消费了，不按照规定日期还款，经常延迟甚至不还，银行就会给你留下不良的记录，以后所有的贷款都有可能不会通过，这个是信誉的崩塌。信任的基石一旦动摇，社会的大厦将岌岌可危。在这个充满诱惑和挑战的世界里，守护信用，就需要我们坚守内心的道德底线，言出必行，不因一时的得失而放弃原则。正如一幅精美的画作离不开艺术家所倾注的耐心与精湛技艺，信用的建立也需要我们在生活的点滴中积累。它可能是准时还款的坚守，也可能是对朋友承诺的兑现，抑或在工作生活中担当责任的体现。每一次的守信，都像是在人生的画卷上添上一笔亮色，逐渐描绘出一个人的形象。然而，如果轻易透支自己的信用，那么这幅画就会出现瑕疵，直至满目疮痍。

一个人如果透支了信用，难免会落入一事无成的境地。要知道，人与人之间的交往，关键是要讲信用。这份信任如同一张白纸，需要我们用心去呵护。一旦因为一时的冲动或利益而透支了信用，这张白纸就会出现皱褶，即使用力抚平，也恢复不了原样，甚至留下难以抹去的污点，让我们在人生道路上永远失去翻身的机会。在现实生活中，这样的教训是十分深刻的。人无信则不立，家无信则不兴，业无信则不旺，国无信则不强。一个失信的君主，会让民众对国家失去信心，最终导致国家衰落甚至灭亡。周幽王为了博得宠妃褒姒一笑，多次烽火戏诸侯，透支了自己的信用，终于遭到杀身之祸，导致西周灭亡。“狼来了”的故事传承千年，这是多么惨痛的教训。历史告诫我们，信用的属性是脆弱的，一次谎言，便可能让人失去尊严；一次隐瞒，便可能让人心生疑虑；一次欺骗，便可能让人遗憾终身。守信不仅是一种品行，更是一种责任；不仅是一种道义，更是一种准则；不仅是一种声誉，更是一种实力。守信是高尚的人格力量，是人与人之间相互信任的基础，一个靠谱的人往往更容易得到别人的信赖和支持。

信用是人生永恒的资本，即使身处贫穷，但只要坚守信用，乞丐有可能变成富翁，乌鸦有可能变成凤凰。在历史上，这种事例也有很多。北魏时，有位名叫孟信的朝廷命官因不愿与人同流合污，遭人暗算而被罢官，家境变得十分贫寒。他的家人为了解决粮食问题，就打算把家里的一头病牛卖掉。孟信知道后，就责怪家人，怎么能将病牛卖给别人，这不是坑人吗？这事传到朝廷，孝武帝了解到这个情况后，下诏让孟信进京，并委以重任，封他为高官。在现代，阿里集团正是因为建立了买卖双方的信用等级评价体系，从而赢得了用户，使企业成为全球最大的电商平台之一。这些事例告诉我们，信用对于人来说，是立身之本；对于企业来说，是兴盛之基。因此，不管是为人还是谋事，都要把信用放在首要位置，千万不能失信。请记住，任何情况下永远不要透支自己的信用。因为真正的危机不是金融危机，而是道德与诚信的危机。

人是很难获得别人信任的，所以不要骗人，因为能被你骗到的，往往都是信任你的人。信一个人要经历很多事，失信的谎话就在一句；暖一颗心需要很多年，可凉一颗心只要一瞬间。不要让信你的人，心灰意冷；不要让爱你的人，含泪而去。当别人向你倾诉秘密的时候，说明他信任你、认可你。不要把别人的信任当成一种可以利用的工具，不要让跟你说贴心话的朋友寒心离开，不要让相信你的人越来越少。看到的不一定是真实，听到的也未必是真相。不明了的事情，就不要妄加猜测；不知道的事情，就不要轻易传播。你可以能力不足，你可以不善言辞，只要你谨言慎行，诚信守诺，就一定能换来别人的认可。要知道，财富失去了可以挣回来，而信用一旦透支，便如房屋失去栋梁，立马坍塌。

选择朋友，信用是一条红线。与感恩之人为友，同靠谱之人做事。很多人并不在乎身边朋友的信用，只在乎意气相投。但信任就是一把刀，你把它给了别人，别人就有两个选择，捅你或者保护你。真正的贵人不是一次性给你多少钱的那个人，而是可以启发你的观念和认知，给你点燃不认命的动力，叫醒沉迷中的你，给你正确方向的人。这个人才是你生命中的贵人，才是你真正的朋友。假如好友出现了失信的行为，你会自我安慰地说“他又没有骗过我”“他肯定不会骗我”这样的傻话吗？要知道，他今天可以失信于人，明天就可以去欺骗伤害你。他不骗你，只是他衡量后的利益抉择，而以信用为本的人，菜单里根本没有失信这个选项。真心换真心，才能温暖人心；诚信对诚信，才能留住人心。人生在世，许多东西可有可无，但信用绝不属此类。守住信用，就是攒下人品，积下的是恩德，留下的是福报。

承诺贵如金，诚信重于鼎。生活中你会发现，其实最开心的不是赚了多少钱，而是赢得了多少陌生人的信任，久而久之成为朋友，并且一直信任你、支持你、选择你，这是用钱都买不到的人格魅力。我们应该知道，穷时不要撒谎，难时不要骗人，清清白白做事，堂堂正正做人。永远相信，诚信可赢天下，守信方得人心。

一个人最好的修养是懂得尊重

修养是一个人潜在的品质，它能直接吸引人的目光。真正决定个人魅力的绝不是外表，而是一个人骨子里散发出来的修养。这种内在与众不同的美好气质，是一种强大的精神力量，更是一个人综合素质的体现。我们活在这个世界上，都会承受各种莫名的委屈和一些无辜的冤枉，有修养的人往往会一笑而过。只有当你眼里容得下别人的时候，才能让人容得下你；只有懂得尊重别人的人，才能得到别人的尊重。学会尊重别人，是做人最起码的要求。这是一种境界，更是一种美德。

一个人最好的修养，就是懂得尊重他人。尊重是做人的基石，是美德的体现，是涵养的象征，更是一个人一生一世的修行。我认为，尊重就是接受你的存在为尊，重视你的存在为重。它不一定是认可，而是在心里把有缘相处的人当作自己去对待。人生在世，相处容易相敬难，我知你的不易，你懂我的艰辛，你将心比心，我以心换心，这样才是我们之间最好的尊重。

我们总喜欢戴着有色眼镜去看人，看别人不顺眼其实是自己的修养不够。在利益面前还能顾及别人，那是修养中折射出来的淡泊；在相处中还能让别人感到舒服，那是修养中沉淀出来的内涵。当你看清了一个人而不揭穿，你就懂得了原谅的意义；讨厌一个人而不翻脸，你就懂得了尊重的意义。饭桌上，一碗汤洒在你身上；地铁上，一只鞋踩在你脚上，你会怎么办？即便别人不道歉又如何，是随风而去还是据理力争？对于别人的过失，必要的指责无可厚非，但能以博大的胸怀去宽容别人，就会让世界变得更美好。

赫本被誉为女神，不仅仅因其貌美，也不仅是因为其高学历。她用一生诠释了修养这个概念，她在遗言里这样说：若要优美的嘴唇，就要讲亲切的话；若要可爱的眼睛，就要看到别人的长处；若要苗条的身材，就要把你的食物分享给饥饿的人。当你需要帮助的时候，你可以求助于自己的双手。在年老之后，你会发现自己的双手能解决很多难题，一只手用来帮助自己，另一只手用来帮助别人。这就是对修养最好的解读，也是做人的最高境界，更是心灵之美与外在之美的完美结合。

不论你地位如何，都不要自命清高，纵使你高高在上，也要懂得尊重他人。世界是庞大的，相似的人很多，但是完全相同的人没有。社会各层次的人，因为各自的经历不同、性格不同、价值取向不同、受社会影响不同、接触的人群不同，对尊重的理解也会不尽相同。很多时候人们尊重的不是人，而是背景。在日常生活中，人们可能很容易去尊重上司，尊重那些名门望族，尊重那些高高在上的人，而忽略了细枝末节，忽略了身边的普通人。比如那些打扫卫生的清洁工、勤杂工，觉得他们衣着简陋、面容沧桑，根本就懒得拿正眼瞧他们，更不用说去尊重他们了。我们每个人从出生成长到走上社会，都生活在社会大家庭里，虽然有的出身富贵，有的平庸，有的贫穷，但人格都是平等的。有些家长在餐馆当着孩子的面指着服务员大声说，不好好读书，你以后就像他们一样。他们把别人当成下等人，其实他们的修养才是下等的。永远不要拿自己的想法去评价别人，也不要用异样的眼光去鄙视别人，更不要用不屑的言语去伤害别人。

尊重每个人，不要以身份作区分，这是你的风度。风度是装不出来的，总会暴露出你真实的一面。一位总统带着孙子散步，有个乞丐向他鞠躬敬礼，总统马上驻足还礼，而且弯腰更深。孙子不解：他只是个乞丐啊。总统回答：我绝不允许一个乞丐比总统更有礼貌。不要以为别人尊重你，是因为你很优秀，其实别人尊重你，是因为别人更优秀，优秀的人对谁都尊重。

不尊重别人的人，永远也得不到别人的尊重。尊重不是客套，不是礼仪，更不是虚伪。尊重是一种温暖的距离，没有伤害，只有感动；尊重是一种平等，不俯望不仰望，不卑也不亢；尊重是一种修养，知性而优雅，将人格魅力升华，大爱无声挥洒。

尊重别人不仅仅体现在语言上，更要体现在行动中。尊重别人需要真心实意，不是虚情假意，需要用一颗真心去感染对方，带给对方快乐。那么，从中获得快乐的又何尝不是自己呢？懂得尊重的人，总是让人舒适温暖，如闻淡淡幽兰，如睹春日青山。

任何人都不可能尽善尽美，我们没有理由以高高在上的目光去审视别人，也没有资格用不屑一顾的神情去伤害别人的自尊。三人行，必有我师。一个真正懂得尊重别人的人，不仅仅会尊重自己的上司和父母，更会懂得尊重自己的下属和身边每一个平凡的人，因为每一个人都有他的优点，从别人的优点中汲取精华，从别人的缺点中找出自身的不足，何尝不是一种领悟和提高的过程？假如自己某些方面不如别人，我们也不要以自卑或嫉妒去代替应有的自尊。

永远记住，在人之上时，把别人当人；在人之下时，把自己当人。尊重别人，就是对自己最好的尊重。

健康是人生的最大福利

健康是人生的最大福利，没有了健康，等于生存质量进入了负运行状态。生命是公平的，每个人都只有一次，没有回程票，没有回头路，唯有关爱自己的身体，才能让生命的旅程越走越远。英国哲学家培根说过：“健康的身体是灵魂的客厅，有病的身体则是灵魂的囚牢。”多少人因透支了身体而英年早逝，多少人因忽略了健康而家破人亡。如果你小病一场，你会发现金钱不重要，家人和身体最重要；如果你大病一场，你会发现金钱特别不重要，身体和家人特别重要；如果你生命垂危，估计你愿意放弃当下所有的一切，去换回你认为最重要的东西。

爱惜身体才是明智，身体健康才是赢家。一场疫情，让我们明白钱财买不到生命，利益换不来健康，最大的财富就是活着，最大的幸福就是平安。虽然健康不是一切，但是没有健康就一定会失去一切。只有健康，才能陪伴孩子一起成长，享受天伦之乐；只有健康，才能陪伴爱人白首偕老，兑现结婚诺言；只有健康，才能陪伴父母终老，避免白发人送黑发人的不幸。如果有一天，你辉煌了，要有健康的身体才能享受人生；你落魄了，还要有健康的身体才能东山再起。要是身体垮了，一切就都没了。曾有人说，金钱、地位、荣誉和健康能从不同的角度揭示人生的价值和意义。然而，经历了才会明白，金钱可以被分割，地位可能被替代，荣誉也许被遗忘，唯有健康，才是我们最坚实的依靠，是我们前行的原动力。朋友们，只要身体健康，其他的都是锦上添花，没有了健康，你哪能依旧风华？财富可以迟来，健康不能等待，请善待自己的身体，因为明天和疾病，你永远不知道哪个先来。

人其实不需要太多的东西，只要健康地活着，真诚地爱着，充实地忙着，也不失为一种富有。爱妻爱子爱家庭，不爱健康等于零；爱岗爱钱爱成功，不爱健康一场空。遗憾的是，这个世上大部分人都是好了伤疤忘了疼，不见棺材不掉泪。在忙碌的日常和无尽的欲望中，往往忽视了健康的重要性，直到某一刻，身体发出了不容忽视的报警信号，才悔之晚矣。年轻时拿健康换金钱，老年时拿金钱买健康，蓦然回首才发现，健康是无形资产，疾病是贷款还款，大病是倾家荡产。朋友们，请善待自己的身体，不要到卧床不起的时候才追悔莫及。

在当今社会，人们都在追逐一种身心愉悦的健康生活。真正的幸福是什么？白天说说笑笑，晚上睡个好觉。每个人都想生活得更好，但身体好才是真的好。盲目攀比，透支身体，就违背了幸福和健康的初衷。我们都曾有一段年少无知的疯狂岁月，都曾在繁忙紧张的工作生活中执迷不悟，不懂得爱惜，拼命地消耗透支着自己的身体，常态化的熬夜，无节制的饮食，不规律的生活，在健康的单行线上越走越偏。要知道，工作和生活就是一个皮球，掉下去以后还可以弹起来；而身体的健康是一个空心的玻璃球，掉下去就成了玻璃碎片。我们时常透支着自己的身体，用健康换取身外之物，而忽略了身体的呼唤。小病拖，大病扛，等到病危见阎王。如果你正在人生路上拼命追赶，请停下你匆匆的脚步，让自己的身体歇歇脚。牙疼的时候，才发现摆在面前的大鱼大肉都无法享用；生病的时候，才明白给你再多的金山银山也无法享受。救护车一响，一年猪白养。十年努力奔小康，一场大病全泡汤；辛苦拼搏几十年，一场大病回从前。多少人在病床上回顾一生，才发现忽略了自己，亏待了亲人。朋友们，千万不要等到失去了才后悔莫及，现在不养生，小心病床躺一生，改改我们的坏习惯，在奋斗的同时，更要关注自己的身心健康。

有这样一则故事，狐狸发现一窝小鸡，因太胖钻不进去，于是饿了三天终于进去，饱餐后又出不来，只好再饿三天才出来，最终它哀叹自己在这个过程中除了过嘴瘾，就是白忙活。人生何尝不是如此，赤条条地来，赤裸裸地去，没有人能带走一生经营的财富与功名。权力是暂时的，财富是后人的，什么都不是自己的，唯独身体才是自己的，唯有健康才是自己的。别人可以替你开车，替你赚钱，但没有人能替你生病。我不惊叹生命给予的磨难，也不抱怨生命赋予的艰辛，因为无论现在的生活怎么样，我们都将会面临帷幕落下的那一刻。良田千顷，不过一日三餐；广厦万间，不过一榻之眠。我们在亲人的欢笑声中诞生，又在亲人的悲伤中离去。生命不会因为我们的疏忽而停留，健康也不会因为我们的无视而永驻。

人生最大的错误，就是用健康换取身外之物；人生最大的悲哀，就是用生命换取个人的烦恼；人生最大的浪费，就是用生命解决自己制造的麻烦。一件衣服值1000元，小票能证明；一辆小车值30万元，发票能证明；一栋房子值500万元，房产证能证明；一个人到底能值多少钱，唯有健康可以证明。可以这么说，有健康叫资产，无健康叫遗产。多少人到了年迈的时候，才能真正体会到健康长寿比荣华富贵更重要。不要炫耀你的钱，你死了那只是废纸；不要炫耀你的工作，你走了无数人会比你做得更好；不要炫耀你的房，你逝去了那就是别人的窝；不要炫耀你的车，你离开了，车钥匙就握在了别人手里。但你唯一可以炫耀的是你的健康，因为当别人都走了，你还可以晒着太阳，喝着早茶，享受着健康的人生。

疾病是威胁健康的直接杀手。有什么也别有病，缺什么别缺健康。可偏偏有很多人为了追求健康，总是在压制和强求自己。比如每天强迫自己吃明明很不喜欢的食材，你喜欢吃肉，却又刻意不吃肉；你不喜欢吃枸杞，偏偏要泡枸杞茶，这违背了快乐生活的本真，身体又怎么可能健康呢？我们需要重新审视自己的生活方式，包括饮食习惯、工作和休息的平衡、体育锻炼的规律以及心理健康的维护，去更多地倾听身体的声音，定期进行健康检查，及时发现并解决问题。更重要的是，培养科学运动的意识，要知道，生命在于运动，选择运动就是选择了积极向上的生活方式，选择了对健康负责的态度。

健康是我们的目标，长寿是我们的希望，幸福是我们的追求。珍惜生命，从关注我们的健康开始。金钱再好，好不过生命；名利再大，大不过健康。我们要做到，早睡早起别太累，身心愉悦不憔悴，养精蓄锐精神爽，日子过得有滋味，远离病痛少遭罪，最后争取活到一百岁。做健康的人，讲健康的话，干健康的事，享健康的福，让我们充实地去度过精彩而宝贵的一生吧。

善良是一种 人性的光辉

人性之美，莫过于有一颗善良的心。善良是世界上最美的成全，也是最好的投资。你给出了善意，就会收获温暖。请把自己活成一道光，因为不知道谁会借你的光走出黑暗；请保持你的善良，因为不知道谁会借你的善良走出绝望。一个人的善良，时常会蕴藏着好运，在不可预知的未来，你所积攒的福报，往往会为你带来意外之喜。

清澈的水来自雪山之巅，人性的美来自干净的心底。一颗善心，胜似一座庙宇。善良，有时是风雨中悄然为你撑开的一把伞，有时是黑暗中为你点亮的一盏灯。更多的时候，它是危难时毫不犹豫向你伸出的一双援助的手；是在你走投无路时，向你坦然敞开的收容的门。它决不是一件可有可无的华丽衣裳，而是人的灵魂之中必须镶嵌的一颗钻石，在每一个时刻都能熠熠生辉。发自内心对所有人都充满善意，自然会获得比别人更多的尊重。

积德无须人见，行善自有天知。一个崇尚道德、信仰博爱的民族是最有希望的民族；一个常怀爱心，时刻不忘行善的人，一定会受益终生。我们要多念别人的好，常修自己的心。你用美的眼光去看世界，世界处处都是美；用美的心灵去想世界，世人个个都是好人。你用恶意去了解一个人，他哪里都是问题；你用善意去认识一个人，他身上处处都是闪光点。如果你用宽容的心对待和你有过摩擦的人，所有的恩恩怨怨都会消失在九霄云外；如果你用善良的心对待那些需要帮助的人，那么你将会赢得更多的感恩和尊重。无论是执政一方的领导干部，还是纵横商海的企业老板，或是勤俭持家的普通百姓，只要心中有爱，行中有善，就一定能够得到他人的拥护和爱戴，人生的旅途也一定能够行稳致远。

积善成德，而神明自得。衡量人的善良与否，一个最简单的标准，就是看他如何对待素不相识的人、和自己毫无利益关系的人，那里才藏着他最真实的人品和修养。在现实中，有些人一有点特权，就觉得自己高人一等，自以为是，对待普通人往往是高高在上、盛气凌人，但凡遇到比自己更有权威的人，又立马低三下四、卑躬屈膝，这样的人言不由衷、表里不一，是很难在社会上立足的。不要为了利益出卖良知，不要为了钱财算计他人。人品修好好事必成；良心守住财福自来。靠人品做事，事事通达；凭良心做人，人人尽忠。世界上只有一种力量能让我们泪流满面，这种力量就是心底的善良。经常撒布善的种子，耕耘善良的心田，就能开出最美丽的人性之花，结出最丰硕的生命之果。

爱出者爱返，福往者福来。做好事，多做善事，多做对自己对别人都好的事，不坑蒙拐骗，不伤害他人，这就是最好的福祉。聪明的人会用今天的善心，为子孙培养生生世世的福报。因为种下什么，就会收获什么。你最希望得到什么，你就把什么让给比你更需要它的人。你若想被爱，就要先去爱别人；你希望被人关心，就要先去关心别人；你要想别人对你好，就要先对别人好。就像照镜子一样，你面带笑容，看到的就是那个阳光的你；你愁眉苦脸，看到的自然是那个阴霾的你。做最好的自己，才能碰见最好的别人。曾经听过一则故事，有一个人的汽车抛锚，一位路人帮了他。车主拿钱酬谢，路人说，我不要回报，但请给我一个承诺，别人有困难时，你也要尽力帮他。后来车主帮了许多人，每次都转述那句话。多年后他又遇到困境，一位少年救了他，竟也说出那句话。车主突然明白，爱的传递终会回到自己身上。把最好的给予别人，就会从别人那里获得最好的。也许在将来的某一天，你遇到了困难，能帮你渡过难关的，不是钱和物，而是你今天的善行。世间所有的福德，都是你日积月累的善良。树高千丈不忘根，人若风光需善行，当你常念别人的好，你会发现所有的温暖，最终都会回馈到你的身上。在每个看似解决不了的问题面前，也许会莫名其妙地出来一个人帮你渡过难关。所以即使世界再黑暗，也请继续保持可贵的善良，让自己像明灯一样散发光亮。要知道，世界上所有的惊喜和好运，都是你积累的人品和善良，善良的你总会在某一个节点上得到命运的馈赠。

人生的路上，除了要学会善待他人，也要懂得善待自己。善待他人，可以让人生走得更远；善待自己，可以让生命活得滋润。一个人的好运到底从哪里来？无非就是有会微笑的眼睛，不听是非的耳朵，不讲负能量的嘴，还有那颗向善感恩的心。修一颗善良的心，养一张有情的嘴，做事有德，行为有品，就是一个人最好的风水。让人耳朵舒服的是话语，让人内心惬意的是人品。文化再高，高不过善良；容貌再美，美不过良心；才华再好，好不过品德。丢掉了善良的本性，成长的过程就是迷失的过程。所以，我们长一张好嘴，还要长一颗好心；话说得动听，还要行动赢得人心；练就一身虚伪，不如人品让人赞美。为人处世不管嘴笨还是嘴甜，心地善良才是本钱，不管能说还是能干，光明磊落才是关键。做人做事没有捷径，我们要做的是，骨子里有坚强，言行中有教养，交往中有包容，心底里有善良。愿你在前行的道路上，雨中有伞，夜里有灯，一生温暖善良，不舍爱与自由，与尘世万千美好都能不期而遇。

强者，
是含泪奔跑的人

强者不是没有眼泪，而是含着眼泪依然前行。因为眼泪只能让人怜悯，不能换来真金。可怜只能让人轻视，不能赢得重视。谁不是一边受伤，一边成长？谁不是一边流泪，一边坚强？人生说到底，百般的滋味要自己尝，难言的苦痛要自己扛，落下的风雨要自己挡。你不勇敢，谁替你坚强。当你不够优秀的时候，你想要一个小小的机会都没有；当你足够优秀的时候，你的面前会有一万个机会，你挡都挡不住；当你如日中天的时候，你所要的会主动来找你，只有自己强大了，才有无限的可能。

做人当自强，自己强，比什么都强。有苦却不说，有泪却不流，并不是不想说，也不是不想流。生活里苦的时候很多，生命中哭的时候不少，只能把苦轻轻地隐藏。你没有历练，是因为你一直很舒服；你没有壮大，是因为你没有经过摔打；你没有变强，是因为你缺少对手。累就对了，舒服是留给庸人的，苦才是人生，累才是工作，干才会拥有。想做的事，赶紧去做，别给自己留下太多的遗憾。谁也无法预知未来，很多事情可能一等再等，就等成了永远。每天醒来，都要比前一天更强大，直视自己的畏惧，擦干自己的泪水，自己选择的路，跪着也要把它走完，当眼泪流尽的时候，留下来的是坚强。不拼，怎么知道不行；拼了，才知道自己真的能行。艰辛算什么，因为我们还活着。要敢于背上重负，敢于背上超出自己力量的包袱，拼搏之后，你会发现自己比想象中更强大。

在人生的跑道上，真正让你倒下的不是对手，而是你那绝望的内心。当你一无所有时，勇气才是你唯一拥有的力量。每个人都有可能成为强者，强者应该拥有三个条件：健壮强大的身体、聪慧冷静的头脑和不屈不挠的精神。不要轻易暴露内心的脆弱，要学会承受该承受的一切；不要轻易逃避生活的狼狈，要学会面对杂乱无序的现象；不要轻易荒废青春年华，因为那是你余生中的第一天；不要轻易向压力屈服，因为它让你哭，你就要在坚持中让自己笑。一个真正的强者，根本不在意别人是给他的伤口上药还是撒盐，而是夜深人静的时候，把心掏出来自己缝缝补补，完事后再塞回去，睡一觉醒来又是信心百倍。有时候我们哭泣，并不是因为软弱，而是因为坚持了太久。真正的痛苦没人替你分担，走出阴影，只有靠自己。有时的确很累，累得真的想要放弃，但一旦放弃，将一无所有。累的时候告诉自己，我不能倒下，因为我没有依靠。想想家中的父母，告诉自己，我要顶住，这不算什么。觉得特别艰难的时候，也许命运正在给你准备惊喜。卓越的路，总得熬过一段无人问津的日子；蜕变的心，总得经历一些刻骨铭心的痛。你永远不知道自己有多坚强，直到有一天“你的坚强让你自己都难以置信”。

强者之路，是一条自强之路。古往今来，强者从来都不畏艰难，靠着自己拼搏的精神、顽强的意志，登顶人生的巅峰。我没有靠山，自己就是靠山；我没有资本，自己赚资本；我没有天下，自己打拼天下。活着就要逢山开路、遇水架桥，把许多不可能变成可能。很多人往往有个误区，总以为挤垮了谁、超越了谁，就是成功。一个真正的强者，不是看他战胜了多少人，而要看他帮助了多少人、凝聚了多少人、成就了多少人。

我特别喜欢王尔德的一句话：我们都生活在阴沟里，但仍有人仰望星空。每个幸运的现在也许有一个背运的曾经，每一段风光无限的岁月也许有一段黑暗崎岖的过往。在人生的低谷期，要相信“车到山前必有路，柳暗花明又一村”。真正的强者都是被逼出来的，大多数是置之死地而后生。一个人没有进入过绝境，没有经历过万念俱灰，没有尝试过一筹莫展，没有体验过痛苦绝望，很难成为一个真正的强者。在成长的道路上，我们会直面许多风险与挑战，奋进的道路上从来都不会一帆风顺，处境太顺的人很容易被一拳就击倒。我们的出口成章，背后是厚积薄发；我们的从容淡定，背后是世事磨砺；我们的游刃有余，背后是千锤百炼。强者之所以强，是因为超越了平凡，战胜了困难。歌德曾说过，没有在长夜痛哭过的人，不足以谈人生。眼泪有时候是软弱，有时候是坚强。强者之所以强，是因为在失败中把眼泪变成了汗水，把坚强变成了坚韧。

脚下的路，没人替你决定方向；心中的痛，没人替你敷药疗伤。即使无人鼓掌，也要含泪坚持，奋力一搏。停下来休息的时候，别忘了别人还在奔跑。咬紧牙关扛过去，乾坤未定，你我都是黑马。真正的强者，总是在挫折中不断奋起、在逆境中永不气馁；真正的强者，不是流泪的人，而是含泪奔跑的人……

嫉妒的底色
是对别人的仰望

嫉妒就是内心承认别人比自己好，心里又感到很不安的一种表现。一方面是觉得自己不如别人，另一方面，又不愿意承认自己与别人的差距。生活中，如果你比别人强那么一点点，别人往往就会讥讽你；如果你比别人强很多，别人就会嫉妒你；如果你比别人强太多太多，别人就会选择向往你、追随你，并且一如既往地支持你、依靠你。懂得了人性，就把握了分寸。同样是一种优秀，为什么有时候会让别人嫉妒，而有时候却让别人产生崇拜心理？我的理解是，远的崇拜，近的嫉妒；够不着的羡慕，够得着的嫉妒；无利益冲突的欣赏，有利益关联的嫉妒。

培根曾说过，人可以允许一个陌生人的发迹，却不能原谅一个身边人的上升。这句话虽然很毒，但深刻地揭示了嫉妒与羡慕之间的微妙关系，当我们看到陌生人取得成功时，或许还能保持冷静和客观，然而，当身边的人超越我们时，那份嫉妒之情便如影随形。嫉妒与羡慕之间，往往只有一念之差。羡慕和嫉妒的情绪都来源于比较，但结果却不尽相同。羡慕是发现别人的长处和有利条件，希望自己也能有；嫉妒则是看到别人拥有自己没有而又想得到的东西，因而心生怨恨。羡慕可以带给人正能量，嫉妒则总是想办法把别人拉回原点。羡慕和嫉妒如同一把双刃剑的两面，这两面分别镌刻着激励与毁灭，既能够激励我们不断前行，追求更高的目标，也能让我们陷入负面的情绪中，无法自拔。一旦嫉妒越过了安全的范围，它就会变成你心里的一头猛兽。如果无法驯服这头猛兽，它会吃掉你心底的善良，繁衍出更多的丑恶。要知道，因妒生恨是我们身边经常发生的事情。

有的人因为嫉妒心强，把更多的时间、精力、情感投注在他人身上，过度关注别人的喜怒哀乐，把自己的人生基调变成了讥笑嘲讽、打压使绊，却在不知不觉中迷失自我。比如职场上，因嫉妒而不愿意提拔比自己优秀的下属，无非担心有朝一日会被他人替代。其实，比你优秀的大有人在，即使你不提拔使用他，迟早别人也会脱颖而出。每个人的存在都很重要，但是，每个人的位置也随时可能被他人替代。我们都可以成为那个优秀的人，成为那个被别人羡慕嫉妒的人，而不能一味地去贬低、排挤比你更优秀的人。嫉妒心强的人往往还会逃避自身的问题，喜欢把问题推给别人，或者选择攻击别人来掩盖自己的无能。嫉妒的情感总是让他处在负面的状态里，而很少产生乐观的情绪和积极的力量。要知道，嫉妒是一把刀，往往伤害不了别人，最后在自己的心里留下伤痕。攀比的心让人失去快乐，嫉妒的心让人增添愤怒，知足的心让人享受幸福。因此，我们需要学会控制自己的嫉妒之心，别让它成为我们内心的负担和阻碍。

不要羡慕别人的成功，那是牺牲安逸换来的；不要羡慕别人的才华，那是私底下的努力换来的；不要羡慕别人的成熟，那是经历与沧桑换来的。我们可以欣赏，但不要嫉妒，因为那都是别人应得的。你应该关心的是，你想得到什么样的生活？你昨天付出了多少？你渴望拥有什么？你该如何努力实现自己的梦想？不要总觉得被轻视，先问问自己有什么分量；一个人的价值，不体现在与人相同，而体现在与众不同。与其把眼睛盯着别人的优点羡慕妒忌，不如把目光收回，低下头来认真地学习；与其把时间花费在不让别人比自己强，不如把时间用在自己身上，抬起头来把自己变得更强。人很多时候都是注意别人的多，看自己的少，所以才会患得患失。其实仔细想一想，我们又何必因为他人的成败而影响自己的情绪，关注别人不如关注自己，把时间浪费在让自己痛苦的人身上，是一种愚蠢的行为。

取长补短方能提升自我，相互扶持方可助人达己。对每个人来说，无论处于哪个阶层，无论处在什么地方，我们都要学会看到别人的优点，欣赏别人的长处。因为你的幸福指数，往往就是由你的能量和修为所决定的。你不能决定太阳几点升起，但可以决定自己几点起床；你不能控制生命的长度，但可以增加生命的宽度；你不能嫉妒别人的成功，在你看不见的时候他们流下了你想象不到的汗水。任何人都不可能尽善尽美，我们没有理由以高高在上的目光去审视别人的成败，也没有资格用不屑一顾的神情去伤害别人的自尊，假如自己某些地方真的不如别人，我们也不必以自卑或嫉妒的心态去代替应有的自尊。只有学会尊重别人，才能赢得别人的尊重，怨恨嫉妒只会让人故步自封、迷失自我。

在某些时候，别人对你的一些无端指责可能是源自对你的嫉妒，但同时也是对你所取得的成就的另一种肯定。共患难容易，因为人有同理心；同富贵很难，因为人有嫉妒心。当一个人穷困潦倒时，他身边可能会有一群穷哥们；当一个人飞黄腾达时，他可能会慢慢变成孤家寡人。别人诽谤你，是因为你优秀；别人依赖你，说明你有价值；别人嫉妒你，说明你走在了他的前面；别人用言语打击你、恶意炒作你，说明你有影响力。当你看到别人的眼里布满了嫉妒和诋毁，说明你已经成功了一半，另外的一半，就是努力与他们拉开更大的距离，让他们彻底失去追赶的信心，并心服口服地仰望你。朋友们，不要生气要争气，不要消极要积极，不要懈怠要迭代，因为只有优秀的人才能体悟到：当没有人将你视为对手时，说明你的能力还不够出众；当没有人背后议论你时，说明你还有进步的空间；当有一群人嫉妒你时，说明你已足够耀眼；当嫉妒你的人对你望尘莫及时，说明你已经无与伦比了。所以，遇到你欣赏的人，要学会赞美；遇到嫉妒你的人，要学会低调；遇到你嫉妒的人，要学会转化。

羡慕和嫉妒的底色都是对别人的认可，却有着正反两种不同的情绪。羡慕是积极的，它产生了渴望与追求，让人以客观的态度学习别人的长处，推动我们砥砺前行、不断超越；嫉妒是消极的，它充斥着排挤和狭隘，让人以不良的情绪对待别人的优点，只会一味地否定别人的优秀，阻碍着彼此的前进。有一个心理学的真相：被人喜欢可能不算真本事，遭人嫉妒才是真有点东西。有的人遭小人算计并不是他出现了什么问题，不是性格张扬、祸从口出，更多的时候是因为他的确让小人眼红了。我们应该羡慕那些被嫉妒的人，因为他们做了一些别人做不到的事，实现了别人实现不了的梦想。他们没有在别人的嫉妒中丢失自我，没有在别人的嫉妒中一蹶不振，没有在别人的嫉妒中裹足不前，而是永远保持着那份清醒和坚定，不懈努力，始终做让别人"羡慕嫉妒恨"的人。由此看来，嫉妒别人，说明自己无能；被别人嫉妒，说明自己卓越。

朋友们，你可以躲在角落里沉默，但不要诋毁和嘲笑比你勇敢的人，因为他们争取到的光明有时也会照耀着你。我们要把嫉妒转为一种羡慕，把羡慕化为一种动力，始终用赞美的眼光欣赏他人，用宽阔的胸怀接纳别人，用正确的行动鞭策自己，这是一种气度，一种格局，更是一种超然的境界，让我们拥抱这份“嫉妒”之情吧，让它成为我们内心成长的催化剂，让我们在“嫉妒”的洗礼下变得更优秀。

喝下人生三碗水

人生必须喝的三碗水：一是别人泼你的冷水；二是辛苦奋斗的汗水；三是孤独无助的泪水。喝下三碗水，尝尽人生酸甜苦辣；喝下三碗水，熬过人间万重天。如果在别人的世界里微不足道，那就在自己的世界里熠熠生辉。

人生经历的冷水、汗水、泪水都能让你更加珍惜甜的滋味。要知道，你现在吃的苦都是为今后铺的路。

为什么别人会泼你冷水？因为人是高级动物，但人性却有低级的一面。可以要求自己做君子，不要苛求世上无小人。别人越是讽刺你，你越要保持清醒；别人越是瞧不起你，你越要做出样子；别人越是打击你，你越要坚定信心。人就要像石灰一样，别人越是泼你冷水，你越要沸腾起来。

什么是吃苦？每个人对吃苦的感受不尽相同。刻苦学习，吃的是寂寞的苦；勤于思考，吃的是脑力的苦；严于自律，吃的是坚持的苦；忍辱负重，吃的是尊严的苦。苦是人生的清醒剂，苦是奋斗的陪练员，苦是成长的黑土地。在现实生活中，有的人只能吃肉体上的苦，却吃不了精神上的苦。生活中的苦难，是精神成长不可缺少的营养剂，不要用四肢的勤奋来掩盖思维的懒惰。其实，我们每个人的人生都会经历无数次的跌倒，吃无数次的酸甜苦辣。哪有那么多的一马平川，哪有那么多的高光时刻。不经历风雨，怎么能见彩虹？你走得累不累，脚知道；你撑得难不难，肩知道；你过得好不好，心知道。很累却不说，很痛却不喊，并不是没感觉，也不是没知觉。痛的时候没人懂，喊出来有何用；累的时候没人扶，说出来又怎样。流不出的眼泪心最痛，难以言说的苦最难扛。路一步一步地走着，留下的脚印自己最清楚；事一点一点地做着，其中的艰辛只有自己最明白。所有的苦与累，我们只能一笑而过，默默地承受。这些苦与累是人生经历的积累，是生命绽放的资本，是自己应有的责任和担当。你没有退路，也别无选择。

人为什么要吃苦？因为人的才能需要在吃苦中磨炼，人的意志需要在吃苦中砥砺，人的情感需要在吃苦中滋养，人的阅历需要在吃苦中丰富。只有吃过苦的人，才能尝到苦尽甘来的滋味；只有吃过苦的人，才能不畏艰难险阻；只有吃过苦的人，才能珍惜来之不易的今天。我们只有熬过黑夜的恐惧，才能迎来黎明的阳光；只有扛住冬天的寒冷，才能迎来春天的温暖；只有走出荒芜的沙漠，才能迎来新的绿洲。

年轻时吃过的苦，都会成为你今后微笑的资本。有的人想锻炼身体，早起跑步却坚持不了几天；有的人想读书学习，看不了几页就玩手机去了。他们往往间歇性地踌躇满志，却不能坚守自己的诺言。不愿吃苦，害怕吃苦，结果是，看着别人一天天变得更优秀，而自己，却在无所事事中虚度年华。

人生似洪水在奔腾，不遇上岛屿和暗礁，难以激起千层浪花。越王勾践卧薪尝胆的故事早就成为激励后人逆境奋起的典范，孔子在失意的痛苦中写成了《春秋》，屈原在流放的痛苦中写成了《离骚》，曹雪芹在家破的痛苦中写成了《红楼梦》。正所谓“宝剑锋从磨砺出，梅花香自苦寒来”。现在的不如意、逆境、挫折乃至苦难都是一种经历和沉淀。古今中外，凡成大事者，很多都是从苦难中走过来的。苦难和逆境并不可怕，可怕的是你把它看成结局而不是过程。

怎么看待吃苦？漫漫人生路，何处是尽头？只要怀揣理想与希望，付出辛勤和汗水，纵然艰难险阻或是伤痕累累，无论满载而归还是无功而返，来时走过的路和路上吃过的苦，都将是你人生宝贵的财富，印证着你生命的成长轨迹。

人的一生，都会遇到许多的坎坷和无数的挫折。面对挫折和坎坷，有的人从此倒下，再也无法起来；有的人却变挫折为力量，更加坚强。不要害怕吃苦，要勇于迎难而上，因为你之前积累的苦难，会在以后筑成一条平坦的大道。所有的苦痛和折磨，都会在你和成功之间架起一座坚固的桥梁。终会有一天，你内心坚定，身体和灵魂承受住生活的考验，到达理想的彼岸。到那个时候，你会真正地领悟：生命的价值其实并不在于成功的那一瞬间，而在于为取得成功而艰苦奋斗的历程。不要害怕吃苦，要勇于迎难而上，总有一天所有的美好会如期而至。朋友们，喝下三碗水，尝尽人生酸甜苦辣；喝下三碗水，熬过人间万重天。

不要站在烦恼里仰望幸福

不同的年龄都会有相应的烦恼，当我们以积极的心态面对生活，你就会发现许多美好；当我们以消极的心情面对生活，你就会徒增许多烦恼。幸福其实很简单，往往就在一念之间。生活中，我们只有不断地消除烦恼，才能为寻找幸福腾出空间，相反，如果总是被烦恼困扰，我们往往会忽略眼前拥有的幸福。生活中的烦恼大都源自与别人的盲目攀比，而忘了享受自己的幸福。幸福是用来感觉的，而不是用来比较的；生活是用来经营的，而不是用来计较的。端正对幸福的认知，你就会慢慢地发现，幸福其实就在我们的身边。

幸福是什么？每个人对幸福的理解不尽相同。身无分文的人说，有钱就是幸福；寒窗苦读的学子说，能考上重点学校就是幸福；婚姻失败的女人说，被爱就是幸福；双目失明的盲人说，能看见光明就是幸福。那么，幸福到底是什么？幸福不是你听过多少甜言蜜语，而是你伤心落泪时有人对你说“没事，有我在”；幸福不是有多少人爱你，而是当你爱一个人的时候，恰巧那个人也深爱着你，你拥抱他，他竟然把你抱得更紧；幸福不是风花雪月，而是患难与共、相互包容。简单的想念，心与心的相依，不离不弃的追随，这何尝不是一种幸福。

真正幸福的人有两种，一种是不知愁为何物的庸者，一种是洞察世事并超凡脱俗的智者。我们绝大多数人，介于两者之间，不肯成为前者，又无力成为后者，所以很难有真正的幸福。我们所能做的，只能是降低幸福的基点，哄着自己开心，幸福就成了一种习惯。

幸福是自己的感觉，需要自己去细细体味。一个人具有创造幸福的天性、具备感知幸福的能力，的确是让人羡慕的。现实生活中，不同心态的人对幸福的感知也自然不同。寻找幸福的人，也有两种。一种像在登山，他们以为人生最大的幸福在山顶，于是气喘吁吁、竭尽全力地去攀登。最终却发现，他们永远登不到顶，看不到头。他们并不知道，幸福这座山，原本就没有顶峰，没有尽头。另一种也像在登山，但他们并不在意目的地，一路上走走停停，看看山岚、赏赏霓虹、吹吹清风，享受着登山过程中的幸福感，心灵在放松中得到某种满足。也许没有大愉悦，然而，这些琐碎而细微的小确幸，萦绕心扉，一样芬芳自在、恬然自得。

每个人都渴望幸福，觉得幸福始终在远方，心永远奔波在寻找幸福的路上。殊不知，拥有感知幸福的能力才是幸福的根源所在。一个拥有感知幸福能力的人，他在哪里都能够活得快乐。在这种人身边，旁人都能感受到他幸福的磁场。所谓的幸福，在我看来并不是一种状态，而是一种从内心深处由内而外感受生活美好的能力，是一种即便是生活在苦难当中也能够跟自己和解的本事。如果心理失衡，不懂感恩，永远不能满足，即使拥有再多，也很难感知幸福。一生真正属于自己的时光并不多，多数时光里，我们不是在羡慕别人的生活，就是在克隆别人的生活。追求别人那样的生活，成为我们的人生目标。一生中最美好的时光，只为了满足心中的虚荣。幸福如果只是某种欲望得到了满足，这种幸福一定是短暂的。其实，真正的幸福，不是活在别人的眼里，而是活出自己的模样，能够按照自己的意愿去寻找属于自己的幸福。

有这样一则故事：两只老虎，一只生活在笼子里，一只生活在野外。笼子里的老虎羡慕野外的老虎自由，野外的老虎羡慕笼子里的老虎安逸。它们决定交换身份，起初十分快乐。但不久，两只老虎都死了。笼子里的老虎忧郁而死，野外的老虎饥饿而死。很多时候，人们对自己的幸福熟视无睹，而觉得别人的幸福光彩夺目。人们永远活在围城里，城里的人想冲出去，城外的人也想冲进来。其实，你所拥有的，也正是别人所羡慕的。当我们抱怨没鞋可穿的时候，有些人早已失去双脚；当我们抱怨工作繁重的时候，有些人还在四处寻找工作。走过夜路的人，才知道光明的可贵。你极其寻常的拥有，却是别人的求之不得；你所厌恶的今天，却是别人再也回不去的昨天；你所抱怨的一切，却是别人梦寐以求的生活。

一个人总是在仰望别人的幸福，一回头却发现自己正被别人仰望着。其实每个人都是幸福的，只是你的幸福常常在别人的眼里。一味地仰望别人是徒劳的，一味地抱怨自己是枉然的，看到自己的幸福，才是人生的真谛。有的人本来该幸福，看起来却很烦恼；有的人本来该烦恼，看起来却很幸福。活得糊涂的人，容易幸福；活得清醒的人，容易烦恼。这是因为，“清醒”的人看得太真切，容易较劲，生活中便烦恼不断；而“糊涂”的人，逢人不急、遇事不恼，因此觅得了人生的大境界。大千世界，形形色色，为权、为钱、为名、为利，人人行色匆匆，背着沉重的行囊前行，装得越多，负累就越多。为自己负累的时候，有些人会及时调整，而有些人却深陷其中不能自拔。只有端正幸福观，用智慧化解掉心里的障碍，去除执着与偏见，所有的烦恼才会烟消云散。所以，人生的烦恼是自找的，不是烦恼离不开你，而是你撇不下它。

平静的生活就像一杯白开水，喝起来淡而无味，却不知道，正是清澈纯净才让我们的生命健康幸福，懂得生活的人才会在平淡中品出甘甜和幸福。那些自认为幸福的人，生活对他们来说是一种享受；那些自认为不幸福的人，生活对他们来说是一种折磨。其实，幸福与否，不完全在于物质，而更多在于精神。当你以乐观的心态去面对生活时，你就会从容淡定，你就会知足常乐，你就会幸福满满。我们每个人的快乐、烦恼和痛苦，都不是因为事情的本身，而是我们看问题的观念和态度。就像弥尔顿说的，意识本身可以把地狱造就成天堂，也能把天堂折腾成地狱。

人往往拥有得越多，烦恼就越多。在饥饿的时候，只有一个烦恼，可一旦吃饱了，更多的烦恼就来了。人生最大的幸福莫过于心灵的自如。做人不要杞人忧天、庸人自扰，命运为你关上一扇门的时候，也会为你打开一扇窗。其实，每个人拥有的幸福是一样多的，只是有些人感觉到了，而有些人没有感觉到。感知过的人，内心充满了喜悦，并尽情享受这份幸福；没有感知过的人，处处愤愤不平地抱怨，毫无幸福可言。人生苦短，没必要和生活琐事过于计较，有些事弄不懂，就不用理解；有些人猜不透，就不必捉摸；有些理想不通，就不去理会。把不愉快的过往，在无人的角落，折叠收藏，告诉自己：我可以不完美，但一定要真实；我可以不富有，但一定要快乐。

幸福来自心灵的知足，开心来自自身的追求，快乐来自精神的富有。真正的幸福就是身体无病痛，灵魂无烦恼。幸福其实很简单，白天说说笑笑，晚上睡个好觉。

学习知道别人怎么做，思考知道自己该怎么做

不少人都会有这样的疑问：学习到底有什么用？我有时也会想这个问题，然而，这样一个巧妙的回答让我醍醐灌顶，这是我见过的最好的回答："我一生吃的饭，并没有体现在我的外貌上，但从小到大，这些饭都长成了我的血和肉。读书也是如此，就像锻炼身体一样，不一定马上见效，但智慧就像你的筋骨一样，不断地让你强壮起来。"由此看来，智慧源于学习，知识在于积累。

一个人可以没有富庶的生活，但不能没有富庶的生命。学习虽然不能直接带给我们更多的物质和财富，但

它可以让我们接触到更多的思想和观念，给我们带来更多的机会和选择。不要总觉得学习是浪费时间，别等到机会来临而自己又没有能力把握的时候，才忽然发现，平时没有学习才是真正的浪费青春。要知道，学到的知识可以突破认识的桎梏，沉淀的思维可以打破人生的边界，即使当岁月流逝、年华不再时，学习带来的激励依然是人生最有力的精神支柱。

纵观古今中外各国的发展历程，学习都是文明进步发展的关键。三国时代，诸葛亮上知天文、下知地理，运筹帷幄、决胜千里，这是十年隐居、躬耕苦读的结果；一代伟人毛泽东博览群书、海纳百川，领导全国人民改变了中国的命运，这是学习知识与革命实践相结合的成果。是知识，让高尔基走出命运的泥沼；是知识，让爱迪生从小镇走进了曼哈顿；是知识，让轮椅上的霍金成了全世界的骄傲。然而，当今社会却流行着这样一句话：如果一百个爱学习的，有一个混得不好，就会有人说读书没用；如果一百个不读书的，有一个混出点名堂，就会有人说不学习照样混得好。这是一个以偏概全的“文盲理论”。那一纸文凭，虽然不能保证你飞黄腾达、站上顶峰，却能让你避免错失良机、一落千丈，至少可以让你在低谷时仍有向上攀爬的力量，让你在消沉时仍有破釜沉舟的勇气。

学习是人生的一大幸事。莎士比亚曾说过："生活里没有书籍，就像没有阳光；智慧里没有书籍，就像鸟儿没有翅膀。"一个不读书的人，即便你走遍世界，也未必能看懂世界。在现实生活中，我们的圈子总是不可避免地相对固化，而书籍却能带着我们穿越时空，神交古人。每一次的经典诵读，都是我们与先贤哲人跨越时空的对话交流，聆听他们的教诲，搜寻心灵的答案。人生总有许多的迷茫、许多的困惑、许多的选择，当你面临迷惘和痛苦的时候，学习可以抚平你的愤懑，使你冷静沉着，转化出破局思维，让一切问题迎刃而解。朋友们，无论你从事什么职业，无论你多大年纪，只要你有所追求，就需要不断地学习、不断地思考。要知道，学无涯，思无涯，其乐亦无涯。

学习不一定让你财富自由，但日久天长，一定会让你精神富有。当你不想学习或者厌恶学习的时候，请记住，你现在的努力，都是为了以后有更多选择的机会，请不要把曾经的偷懒变成打自己脸的巴掌。知识和思想从来不属于懒惰懈怠的人，鲜花和掌声也从来不赐予好逸恶劳的人，只有那些风雨兼程的前行者才配得上生命的馈赠。学习带来的痛，那也是快乐的痛；不学习带来的苦，那才是终身的苦。学习虽不能改变人生的长度，但可以改变人生的宽度；虽不能改变人生的起点，但可以改变人生的终点。没有人因为学习而倾家荡产，但一定有人因为不学习而一贫如洗；没有人因为学习而错失良机，但一定有人因为学习而改变一生。世上只有一种投资是只赚不赔的，那就是学习。无论你多么强大、多么优秀，都要多花时间静下心来苦思冥想、孜孜以求，提高认知水平。放弃那些无用的社交，静下心来，勇于探索，世界才能更大。如果你半夜醒来，发现自己已经长时间没读书，而且没有任何负罪感的时候，那么你必须知道，你已经开始堕落了。

我们为什么要学习？原因很简单，因为写在文字上的东西，是人类文明的传承，也是前人倾心思考之后，想留给后人的一些精神财富，如果再加上你自己的思辨，你会把一些前人的经验总结，逐渐变成自己的思维判断，变成自己世界观和价值观的一部分。可以说，学习是知道别人怎么做，思考是知道自己该怎么做，如果学习不思考等于吃饭不消化，如果学了不用等于耕地不种。有的人虽然读了很多书，但与他交流你会发现，他没有太多的思想，尤其是没有独立思考的能力。为什么会这样呢？因为他不善于反思。孔子在《论语》中说道，“学而不思则罔，思而不学则殆”，说的就是这个意思。毛泽东同志也曾引用孟子的“心之官则思”这句话，来说明开动脑筋思考的重要性。他说：“有些人背上虽然没有包袱，有联系群众的长处，但是不善于思索，不愿用脑筋多想苦想，结果仍然做不成事业。”当今时代是一个变革的时代，新情况新问题层出不穷，现成的答案和方法不会从天上掉下来，这就要求我们必须学会独立思考，寻找客观规律，具备创造性。善于思考与不善思考的结果大不一样，好的思维方式可以帮你避开人生的陷阱。首先，分析思考有个方法的问题，这个方法就是联系起来思考，综合起来分析，只有这样我们才能做到举一反三、融会贯通。其次，分析思考还有个立场、观点和感情的问题。这个立场就是马克思主义的原则立场，这个观点就是辩证的历史唯物主义观点，这种感情就是对党、对国家、对人民的深厚感情。有了这样的立场、观点和感情，我们学习才能真正学得进去，拎得起纲来。再次，分析思考要克服简单化形式化，要有独特的视角、敏锐的思维、缜密的逻辑，只有这样才能做出全面准确的判断。

学习是成长的必由之路。在追求知识的过程中，我们都会面对“是什么”“为什么”“怎么办”等诸多问题，每个问题都是对认知的考验，也是对思维的培养，这种质疑让我们不仅满足于表面的回答，更在于探索知识背后的原理和逻辑，最终历练出我们看待世间万物独一无二的思维方式。独立思考不是闭门冥想，而是要走出去，放开眼界，让思想与思想碰撞，形成自己独具一格的见识，用阅读和思考把孤独喂饱，思想才能冲出寂寞，在没有围墙的空间里散步。能让浮躁的内心沉静下来去读书学习、去思考问题，你将收获快餐文化所无法承载的积淀。很多人以为进了课堂，才叫学习，其实不然，学习可以从点滴中养成，从细微处下功夫。我们要学会在生活中学习，在工作中思考，在思考中总结，在总结中提高，以工作推动学习，以学习促进工作，达到交融、互动、转化的效果。如果只是一味埋头苦干、不求甚解，不假思索、囫囵吞枣，那就好比盲人点灯——白费蜡。学习是向外部世界的眺望，知道别人怎么做，思考是向内心世界的挖掘，知道自己该怎么做，两者的结合才能让我们成为一个超前卓越的人。没有学习，思考就会变得空洞无物；没有思考，学习就只会停留在表面。要知道，知识的力量从来不止步于认识和理解，而是在于将所学的知识内化为自己的一部分，让自己成为知识的主宰而不是奴隶。在思考的过程中，我们不再是被动的接受者，而是主动的探索者。

人生就是一本大书，能读明白读进去的是聪明，能读进去也能读出来的是思维，能读出来还能悟透的是智慧，只有真正去学习思考，才能读懂这本大书。路漫漫其修远兮，吾将上下而求索，让我们在学习的海洋里逆风而行，在思考的天空中扶摇而上，在知识的宇宙中找到属于自己的星辰大海，在可见的未来成为更好的自己。

瞎忙，比闲着更可怕

在快节奏的现代生活中，人们常常被各种琐事和任务推着走，仿佛身处一个巨大的旋涡，无法自拔。有时候，大家习惯用“忙碌”来标榜自己的价值，认为只有忙起来，才能证明自己在工作、在努力、在进步。然而，这种看似充实的生活状态，其实也是一种内卷式的无声悲哀。因为，这种忙碌，不同于有针对性的勤劳和努力，没有明确的目标和实质的效果，既没有方向，也没有重点，仿佛是自我安慰的泡沫，被不切实际的繁忙迷惑。所以，我认为，比起懒散的悠闲，这种无效的瞎忙更可怕。它不仅消耗时间、浪费精力，还容易在不停的瞎忙中忽视对个人成长和社会发展的有效推动。

通常情况下，人们忙碌是为了收获，努力是为了进步。因此，大家评判一个人能力的高低，一般不是看他有多忙，而是看他付出了多少努力、做出了多少成绩、收获了多少成果。可见，正确的态度，既要埋头苦干，也要抬头看路。只有科学选择并适时调整最佳路线，才能走得更快、更远、更长久。然而，大家在惯性思维的影响下，往往偏爱那些看似忙碌的身影，错误地将“忙碌”看作“努力”，将“空闲”看作“懒惰”。这种认知的误区，忽视了质与量的平衡，忘记了只有高效率的勤奋才能产生高质量的价值，而无效的忙碌可能只是对时间的挥霍。整天瞎忙的人和做事高效的人，可能时间都安排得很满，却有着本质的区别。瞎忙的人，大多是被外部力量推着忙，永远有干不完的活，每天疲于奔命，却说不上到底忙了些什么事情。这种无目标的忙碌，不仅导致了时间的极大浪费，还使得自己难以在真正重要或能带来长远收益的领域里投入足够的精力。而高效工作的人，大都对自己的人生和每天要做的事情有清晰的规划，在做事之前会花必要的时间和精力思考事情的本质和重点，极力减少无用功，清楚地知道自己在每个阶段的目标和方向，并为之作出不懈努力。这样的忙碌，才是充实的，也是有价值的。

有的时候，忙是借口，是为自己寻找一个逃避现实的理由。职场人深夜加班，却对职业的前景感到迷茫，没能区分工作的轻重缓急；学生埋头苦读，却对所学的课本浅尝辄止，没有做到知识的融会贯通；低头党机不离手，却对收藏的内容过目即忘，没有带来实质的收获与成长。有的时候，忙是假象，成为自己开脱责任、掩饰无能的理由。打工人表面任劳任怨，在上级面前投其所好、加班加点，却在领导背后偷鸡摸鱼、虚与委蛇，总觉得只有忙起来才能得到所有，最后却是一事无成。有的时候，各种会议多渠道召开，各类文件分系统下发，各级工作组层层下派，检查评比花样百出，搞得基层鸡飞狗跳，忙于应付，实际就是做做样子、走走过场，终是精神疲惫，劳而无功。

明代思想家王阳明在龙冈书院讲学时曾经说过："志不立，天下无可成之事。"当一个人不能认清方向的时候，千万不要盲目奔跑，应该先停下来学习思考，搞清楚自己的志向和目标，然后坚定地朝着这个方向努力前行，这样才能掌握好自己的人生节奏。有时候看似是暂停，其实是积蓄能量和智慧。当一个人已经忙得没有办法静下心来，没有办法学习总结，没有办法抚慰心灵，甚至忙出了问题、忙出了疾病、忙进了医院……这样的忙，意义何在？可见，人生不怕忙，就怕白忙和瞎忙。要知道，目标不明确，态度不坚决，行动就不会持续。而坚决的态度源自清晰的方向和合理的计划。一次重要的决策，胜过千百次的努力。很多事情，今天的生活来自三五年前的选择，三五年后的生活来自今天的决定。

现如今，人们在教育、职场、生活等各个领域往往都有过度竞争的内卷现象。陷入内卷的企业在毫无意义地坚守，陷入内卷的行业在毫无意义地比拼，陷入内卷的人们在毫无意义地忙碌，大家互相折磨、对抗打压、严重内耗，不仅没有带来预期的收益和实质的改变，反而让自己承受着巨大的压力和痛苦。这种内卷式的瞎忙，消耗着青春年华，磨平了个人锐气，浪费着社会资源。要知道，时间是人生中最宝贵的资源之一，它无法再生，一旦流逝便无法挽回。所以，卷要卷得有价值，忙要忙得有意义。应该多分配一些时间为生活忙，多分配一些时间为精神忙，多分配一些时间为自己忙，多分配一些时间为家人忙，多分配一些时间为现在忙，多分配一些时间为将来忙。真正有意义的忙，是思路清晰、目标明确、操作得法、效果明显，是不追求表面的浮华，而注重内在的充实。人生最好的状态就是有份事业养活家庭，有点空间留给自己，有个信仰滋养自己，有个理想激励自己。把生命的意义和方向找对，剩下来的才是努力的过程。因为人生的方向和生命的意义一旦清晰，我们就会有等不起、慢不得的内在责任和使命驱动，从而越走越坚定，越走越勇敢，越走越顺畅；就会忙中有追求，忙中有效率，忙中有收获，最终创造出一个忙而不乱、精彩纷呈的人生。

很多人都认为："忙碌便是努力，努力便有结果。"然而，现实却并非如此。因为方向不对，努力白费！怎么忙不重要，忙什么更重要。漫漫人生路，最好的状态，莫过于闲得有品位、忙得有价值。太闲，容易生出杂念，无事生非；瞎忙，容易心为形役，失去本真。虽然我们无法延长生命的长度，但是我们可以通过高效的努力来拓宽生命的宽度，感悟生命的可贵和美好。只有学会适时放下手中的忙碌，专心学习，静心思考，修心养性，不在忙碌中迷失自我，才能以从容不迫的姿态，去享受随遇而安的生活。

第二章

CHAPTER 2

齐家

只有观世界，才有世界观

一个家庭最好的风水，就是好好说话

一个家庭最好的风水，从来不是金山银山、财富万贯，而是好好说话。和家人好好说话，除了言谈举止的礼貌、温和，更是一种根植于内心的尊重和理解。即便每天只有寥寥数语，一个微笑、一声问候、一句关怀，都能让人如沐春风。怎样在家里做一个会说话的人？它不是在社会上的高谈阔论，也不是在工作中的滔滔不绝，而是在生活中的和风细雨。要用真诚的语言去交流，用耐心细致的方式去沟通。我们不要把最好的脾气留给陌生人，却把最坏的情绪带给最亲近的人。要知道，即便是由血缘组成的家庭也并非无坚不摧，再幸福的家也需要用心经营。

正所谓口中有良言、心中有感恩，收获好人缘、拥有好人生。好好说话，意味着在冲突面前保持冷静、在误解面前耐心解释、在痛苦面前给予抚慰。它是一种能打开心扉，让阳光洒进每个角落的磅礴力量；它是一个能穿越迷雾，让人们享受旅程，共同迎接温馨祥和的港湾。无论是上下级还是夫妻、亲友关系，都会因为说话的语气让对方难以接受，或者话语中带着一种指责、一种批判、一种严厉的不满，而引发对方身上的负面情绪。好话要说好，不好的话要好好说。会说话的人，既能巧妙地表达自己的想法，又能让人愉快地接受，让人与人之间的交流进入良性循环。好好说话的家庭氛围，对于每个成员的成长和发展都有着积极的影响，它是维护良好至亲关系、促进亲人间情感连接的桥梁纽带，是通往爱与信任的幸福之门。在这样的环境中，我们每个成员都更愿意分享彼此的困扰及喜悦、成长和进步。好好说话，直接影响彼此的关系乃至整个家庭的和谐稳定。

有人说，家庭是避风的“港湾”，这话一点也没错，但是，这个“港湾”不是什么风雨都可以避的，那种无法忍受且带毁灭性的风雨尤其不能避。人们在有了一定的社会地位后，遇到“春风得意马蹄疾，一日看尽长安花”的顺境时，往往和颜悦色、妙语连珠；碰到“屋漏偏逢连夜雨，船迟又遇打头风”的逆境时，往往疾言厉色、唾沫横飞，将满腔的不得志尽情挥洒到父母与其他亲人跟前，真可谓“城门失火，殃及池鱼”，事后多半痛悔，常想温言细语抚慰一番，可面对父母和其他亲人体谅、包容、理解的笑颜时往往欲言又止。家庭虽说是避风雨的“港湾”，但这个“港湾”不是“垃圾桶”，也不是“出气筒”，不能动不动就把在社会和单位受的气带回家中。

身体发肤，受之父母，每个人都是父母身上的一块肉、心中的一道痕，正因如此，在面对子女的“责难”时伤得更重、痛得更深。那种心灵的创伤，往往迁延不愈、贻害无穷。所以，对待长辈，要和颜悦色，多一些耐心。无论发生什么事情，我们都要和父母好好说话。你委屈了，可以摔门而去，但是父母委屈了，只能默默地干着家务，流着眼泪。父母虽然给不了我们想要的所有，但所给的一定是他们认为最好的。思想不同、时代不同、接受的教育不同、各自的经历不同，让我们与父母间总有观点、想法不同的地方，不要嫌弃他们的落后，埋怨他们的老土，多一些沟通和尊重，多一些理解和包容，多一些感恩和关怀。好好和父母说话，站在他们的角度思考，理解他们的难处，安抚他们的焦虑，那就是对后辈最好的福报。

对待子女，我们要耐心细致，多一些呵护。孩子再不好，也是心头宝，对待自家宝，别只在心里夸他好，嘴里一说就成了草。所有的语言都带有情绪，有的能给人带来温暖，有的能给人带来伤害。孩子生来敏感，会因为父母的一句贬损而失落好久，也会因为父母的一句夸奖而开心一天。在恐惧中长大的孩子，会怀疑自己；在讽刺中长大的孩子，会为难他人；在打压中长大的孩子，会落魄自卑。我们都深爱着自己的孩子，正是因为有爱，所以对他们的每一句话更要好好地说，把那份爱无微不至地传递给孩子。

对待伴侣，要相敬如宾，多一些让步。夫妻之间任何小问题都可能成为影响家庭幸福的大麻烦，对小的矛盾和过失斤斤计较，再小的问题也会演化升级。话到嘴边就埋怨，理在一边就指责，一个嘴巴喋喋不休、爱逞口舌之能的人，言传身教就能祸害好几代。一个好丈夫就像一根顶梁柱，平静稳重，撑起家庭的一片天；一个好妻子就像一尊活菩萨，保佑家人，化解亲人间的矛盾误会。不要与爱人动气，遇到问题和矛盾心平气和、就事论事，多为对方考虑，因为那是你最亲密的人、能陪伴你走完一生的人。夫妻间能好好说话，生活也一定会越来越好。

家是什么？大事商量小事原谅，不争对错不翻旧账。家不是战场，不用摇旗呐喊论输赢；家不是棋盘，不用小心翼翼设提防。家，从来不是冰冷的一砖一瓦，而是承载爱、传承爱的地方。父亲的格局决定了家庭的方向，母亲的情绪决定了家庭的温度。父爱则母敬，母敬则子安，子安则家和，家和万事兴。“好好说话”是家庭和谐的秘诀，是爱的传递，是幸福的基石。能够做到这一点，家便成为世界上最温馨、最祥和的地方。用平和的语气交流，用心倾听不同的意见，慢慢地你会发现，曾经充满紧张气氛的家会逐渐变得温暖和谐。好好说话是态度，把话说好是能力，让我们好好说话、说说好话，温暖家庭也温暖世界。

疼你的永远是娘

“世上只有妈妈好，有妈的孩子像个宝”，这段歌词，唱出了无数儿女的心声，唱出了妈妈对儿女的真挚情感，唱出了父母对子女的深情厚谊。这世上，关心关爱你的有许多人，但是真正疼你的，永远只有你的娘。

孩子就是娘身上掉下来的一块肉，每一次啼哭、每一次跌倒、每一次受伤，都无不牵扯着她内心深处最柔软的地方。产房里，护士手中的宝宝，啼哭不止、声嘶力竭，护士无奈，是娘伸出双手，把婴儿紧紧拥进怀里，让他平静；是娘用自己甘甜的乳汁抚育孩子，让我们幼小的生命在温暖的怀抱中茁壮成长。

在人生的浩瀚征途中，我们皆是漂泊的旅人，时而随波逐流，时而奋力划桨，驶向未知的远方。在这条漫长又充满未知的路上，总有一抹身影，以无尽的温柔与坚定，深情的注视与叮咛，默默地伴随我们左右，给予我们最坚实的依靠——那就是娘，她用那份纯粹而深沉的爱，跨越了时间的长河，成为我们心灵深处永恒的港湾。

蹒跚学步时，第一次摔倒，父亲用坚定的语言对幼儿喊道：爬起来，爬起来，爬起来就是好样的，就是男子汉。幼儿咬着牙，双手撑地，撑起来又落下，撑起来又落下，涨得小脸通红。姐姐看着弟弟，只是看着笑，逗着玩。只有娘，跑过来，弯下腰，把幼儿拉起来，心疼地问道：摔哪里了？那声问，抚慰着幼儿的心，如同清风拂面、沐浴晨光，母亲的温柔是世上最揪心的情感。

当第一缕阳光悄悄探进窗棂，唤醒沉睡的世界，娘已悄然起身，在厨房中忙碌。那细碎而轻盈的脚步声，生怕把我们惊醒，如同晨间最温柔的乐章，轻轻拂过心田，带走一夜的疲惫，唤醒对新生活的渴望。餐桌上，热气腾腾的稀饭、香喷喷的馒头、越嚼越有味的咸菜，是她无声的爱语，每一口都是甜美的味道，每一口都是温暖的传递。这份爱，不言不语，却如涓涓细流，让我们如同享受阳光的雨露，滋润着我们的心田，让每一天的开始都充满希望与力量。

娘是成长路上的默默守望。从蹒跚学步到青春飞扬，她的身影始终陪伴左右。每一个成长的瞬间，都有她无声的守护，她用自己的方式，默默见证着我们的蜕变。在我们迷茫与困惑时，她如同夜空中最亮的星，让我们在人生旅途中不迷失。这份疼，不仅仅是物质上的扶持，更是精神上的慰藉，扶着我们踏上一程又一程的人生路，让我们学会了坚持与超越。

娘是逆境中的坚强后盾。人生路上，风雨兼程，荆棘丛生。面对学业的压力、职场的挑战，是她永远站在我们身后，为我们遮风挡雨。无数个夜晚，她默默陪伴，用一杯杯热饮驱散我们的疲惫，用一句句鼓励的话语提振我们的精神。在逆境中，是娘陪伴在我们的床头，擦干我们的眼泪，鼓励我们，没有逆境，哪有希望？没有摔倒，哪有刚强？娘的鼓励，让我们能放开双手，不畏困难与挑战，勇往直前。

娘是深夜里的无言牵挂。随着年岁的增长，我们逐渐离开家的怀抱，踏上各自的征途。但无论我们走到哪里，娘的牵挂始终如影随形。深夜里的一个电话、一条短信，都是她无尽的思念与关怀。好好吃饭，好好睡觉，不要熬夜，不要累倒。那份爱，越过了千山万水，穿透了时光阻隔，让我们在异地他乡，也能感受到家的温暖。在她的牵挂中，我们学会了珍惜与感恩，懂得了执着与坚守，无论走得多远，都不应忘记来时的路，不应忘记那个永远为我们点亮归途灯火的人。

娘是岁月深处的坚韧守护。岁月如梭，转眼间我们都已长大成人，而她却在时光的洗礼中白发苍苍，渐渐老去。但无论时光如何变迁，那份来自她的疼爱与关怀却始终如一。在突如其来的困难面前，她依然是我们最可信赖的支撑。即使相隔万里，她的牵挂与关心也从未缺席。她用自己的方式，默默地为我们准备所需的一切，用行动诠释着母爱的伟大与无私。在她的守护下，我们学会了如何面对生活的风雨，如何在逆境中保持镇定与坚韧。

娘是生命中最深沉的告白。她是执着的，不管命运如何苦涩，她总是微笑面对、从不埋怨；她是质朴的，不管生活如何艰难，她总是倾其所有、毫无保留。

她对我们的爱，纯粹而高贵，不计任何代价，不要任何报酬。她用自己的生命书写着母爱的传奇，让我们在成长的道路上不断汲取力量与营养。她的疼爱如阳光般明媚，如大海般深邃，如山岳般厚重，让我们在人生的旅途中始终有一个可以依靠的港湾、有一堵可以挡风的墙。这份爱教会了我们如何去爱、如何去关心他人，让我们的心灵变得更加纯粹。在她的影响下，我们学会了感恩与回馈，懂得了用同样的温暖去拥抱这个人世间的每份希望。

娘的疼，娘的爱，如同春日里的暖阳、夏日里的清泉、秋日里的硕果、冬日里的炉火，无论什么时候，无论多大年龄，我们永远都是娘的心肝宝贝。我们需要娘的疼，娘也需要我们的爱！让我们用一生的时间去守护那份永恒的疼爱。娘，您是世上最美的存在，我永远爱着您！

努力成为孩子选对的父母

你的孩子将来能成为什么样的人，在很大程度上，取决于孩子在早期成长的过程中，受到何种层次的家庭教育。最好的家庭教育是什么？家庭教育最重要的任务是帮助孩子建造一个良好的人生平台，让孩子有良好的人格修养，懂得做人，懂得成功的真正意义。

孩子是父母生命的延续，父母是孩子生活的全部。在教育孩子的过程中，孩子的脸上，既留下过唇印，也留下过巴掌印。巴掌印和唇印的背后，都是浓浓的情、深深的爱。父母为了孩子可以倾尽所有，并忍受一切伤痛和委屈。但孩子身上的问题，多半是家长身上的问题，要想成就孩子，就必须改变自己。教育孩子的最终目的是什么？应该是让孩子有能力创造幸福生活并享受生活。学习只是孩子生活里重要的一部分，但不是全部，毕竟现在已经不是唯学历的时代，现在是论能力的时代。有的父母狂热地追求好成绩，好成绩的背后隐含着两个推理，成绩好意味着能上好大学，有好的工作，有好的前途；成绩差意味着会上差的大学或考不上大学，甚至会找不到工作。其实分数到底能代表什么？从无数的考试中拼杀出来的父母，肯定明白考试的分数代表什么。它代表你曾经是个学霸或者学渣，是你进入哪个层次大学的敲门砖。分数！分数！在孩子的生活中，永远充斥着分数。这不仅给孩子套上很多桎梏，同时也套住了孩子的父母。很多父母习惯于拿孩子的分数和别的孩子的分数比，拿这学期的分数与上学期的比，拿这次考试的分数与上次考试的分数比。比得满意了，他们会表扬和奖励；比得不满意，他们会批评和责罚。批评和责罚，当然会让孩子沮丧。表扬和奖励，在让孩子享受喜悦的同时却也让他们不安，下次分数不高又怎么办。你可知道再优秀的成绩也经不起比，从来没有比出来的天才，只有比出来的笨蛋。以我的经验告诉大家，要像考试一样认真做作业，要像做作业一样轻松考试。

有位哲人说过：永远不要去追一匹马，用心种好你的草地，马自然会来。还有人用诗一般的语言，表达过同样的意思：你若盛开，蝴蝶自来。要从小培养孩子强大的自信，没有自信的孩子是没有未来的。自信就是抗挫折、抗打击的能力，遇到任何事情能够积极健康地面对。从小要培养孩子完善的人格、健康的心灵、强大的心智，这比考试得多少分都来得重要。试想，如果一个孩子缺少对生命的认知，没有梦想的能力，不懂得保护自己，无法与别人共享，那么，即使这个孩子门门功课考第一，又能怎样！孩子最重要的往往不是成绩，而是兴趣和信心。有了浓厚的兴趣和坚定的信心，成绩就是水到渠成的事情。兴趣比分数重要，信心比黄金珍贵。

给孩子经历和体验比什么都重要，孩子经历什么，体验什么，他就是什么。所以，给什么不如给经历，给什么都不如给体验。你给他看一百张哈佛大学的照片，不如带孩子去亲身体验一次，孩子体验了，他终身难忘。永远记住，只有观世界，才有世界观。

没有天生成功的父母，也没有不需要学习的父母。父母才是天底下最应该持证上岗的“职业”，但可悲的是，90%以上的父母都是“无证上岗”。大多数父母都是在凭感觉教育孩子，我要告诉全天下的父母，天才没有一个是凭感觉教出来的。了解孩子的天性，顺应孩子的天性，每个孩子都有成为天才的可能。

走近孩子，才觉得今天当孩子真累，当家长真烦，当老师真难。没有喘息的课表，没有丝毫放松的学习要求，无限度地拔高课程的难度，如山的作业，频繁的考试与排名。除了上课就是吃饭和睡觉，在学习之外，孩子找不到生活的乐趣。如果家长和老师缺乏给孩子松绑减压的意识，再加上一点意外，那么，孩子的心理崩溃就不是偶然的。

过高的期望只会给孩子带来无望。很多老师在学校被家长追问：为什么我家的孩子成绩上不去？为什么我家孩子在学校表现这么差？为什么我家孩子这一次还在退步？为什么？为什么……为什么你不问一下你自己，你送到学校的是一个什么样的孩子，你自己又是一个什么样的父母。做父母的，决不能让自己的孩子只是为分数而学习，决不能让自己的孩子被分数压得抬不起头，而是要让他们永远保持对学习的兴趣、对自己的信心。为什么孩子心中不快乐？孩子太累，没有放松的空间。

关注孩子的情绪要胜过关心他的成绩，要学会对孩子说："辛苦了，就歇一下吧！"孩子心中幸福的日子不是考多少分，也不是有多少钱，而是有一个宽松和谐的空间。

现在的孩子，生活的空间越来越大，成长的空间却越来越小；住房面积越来越大，心灵容积却越来越小；学习压力越来越大，学习的动力却越来越小。这些都违背了孩子的天性，也必定会对其产生负面的影响。

教育孩子的方式就是唤醒和激励，激励能让白痴变天才，批评能让天才变白痴。作为父母，请记住，保证自己情绪的稳定，就是对孩子最好的教育。爸爸妈妈的标杆永远超越孩子的水平，这就是今天孩子的悲哀，他们的孩子永远不会有成就感。正确的方法应该是，永远不和别人家的孩子比，只要你的孩子今天比昨天有进步，你就应该肯定他、鼓励他。一个孩子长大要经受人们无数次评价，不管别人说什么，父母好的评价才是最好的养料。

父母要牢记一点，无知的爱就是伤害。与其把财富留给孩子，还不如把孩子变成财富。多少年后，你把现在的房子给孩子，孩子会说太旧了；20年后，你把现在的钱给孩子，孩子会说不值钱了。今天，你给孩子一个良好的家庭教育，20年后，孩子会说，谢谢父母，你们太明智了。沧海桑田，时光回转，没有什么是一直在传承的，但知识的积累和教育的影响是可以代代传承和延续的。

要从小培养孩子的胸怀，什么是胸怀？一个孩子敢把自己爱吃的东西、最爱玩的玩具，毫无保留地分享给别人，这就是胸怀。所以要丰富孩子的两个世界，一个是物质世界，一个是精神世界，而精神世界要比物质世界重要一万倍。孩子没能培养好就是我们做父母的失职。每个孩子都是独一无二的，每个孩子都具备了成功的条件，每个孩子都有自己擅长的领域，每个孩子都有引爆生命的开关。但是有90%以上的孩子，这一辈子他的天赋从来没有被发现，他生命的开关从来没有被打开，原因很简单，是孩子的父母自己没有找到。每个孩子都有关键期，抓住关键期，强化训练，每个孩子都能成为有用之人。

人在年轻的时候，千万不要借口工作忙而忽略对孩子的教育。一个人事业上再大的成功也弥补不了教育子女失败的缺憾。虽然不需要我们一门心思扑在孩子身上，然而教育的失败根本不可能让我们有弥补的机会。有些大学毕业生，有学历没学问，有文凭没文化，大事干不了，小事不愿干，晚上电脑不下线，早上懒惰不起床。别让冰冷的电子产品侵蚀了孩子的心灵，别让掌中的屏幕屏蔽了真实的世界。父母的懒惰和溺爱，是孩子一生中根深蒂固的伤害。如果稍微有点疏忽，孩子的成长变化会很明显。有些毛病一旦养成，要花费很多精力来改正，甚至根本无法纠治。为什么说穷人的孩子早当家，因为是穷人家的孩子。孩子小的时候受过很多苦，长大了可能就会慢慢获得；孩子在小时候太过于享受，长大后可能就会慢慢失去。所以，不管你挣了多少钱，事业发展有多顺利，绝对不能拿事业繁忙来牺牲孩子的未来，你能给到孩子最昂贵的礼物就是你的时间。在年老的时候，一切荣华富贵都是过眼云烟，而一个不成器的孩子，足以让你晚景惨淡。如果孩子教育不当，将来老了你是会后悔的。

孩子在年幼时具有极强的可塑性。他们就像河水的源泉，活泼而无拘无束，一旦被导向某一方向，就会改变它的流向。还有一些家长教育孩子，总是告诫孩子要听话，而听话的含义就是让孩子按照大人的“旨意”行事。这在无形中就把孩子的思维给束缚了。所以，做父母的在教育孩子的时候，不要一味告诫孩子听话，而是要和孩子讲道理。讲道理的孩子会逐渐成为理性的人，而听话的孩子会变得越来越没主见。

教练的级别决定了选手的表现，孩子是谁不重要，孩子的老师是谁很重要。孩子最重要的不是学什么，最重要的是跟谁学，和谁一起学。要确定孩子的方向，培养和发现孩子的兴趣，找到最好的教练来教。郎朗三岁练习钢琴，迈克尔·杰克逊四岁练习舞蹈，刘谦八岁登台表演魔术，姚明九岁开始到体校练习篮球，无数案例向我们证明，给孩子找一个好的老师和教练是多么的重要。要想改变孩子，首先应该改变孩子成长的环境，要想改变孩子成长的环境，首先应该改变家长和老师的教育观念，应该平等沟通，学会共同成长。

夫妻关系影响孩子的性格。一个男人如果不尊重他的妻子，那么，他的儿子就学会了在学校不尊重他的女同学。一个女人如果不尊重她的丈夫，那么，她的女儿就学会了在学校瞧不起她的男同学。孩子的心是块奇怪的土地，播下思想的种子就会有行为的收获，播下行为的种子就会有习惯的收获，播下习惯的种子就会有品德的收获，播下品德的种子就会得到命运的青睐。要让孩子成为既有激情又有理智的人，因为“没有激情，任何伟业都不可能善始，没有理智，任何壮举都不能善终”。

小孩天性本不坏，就看长辈教育正派不正派；小孩犯大错，必有大人之小过。孩子就是你的缩影。你冷静，他才能理智；你平和，他才不暴躁。你希望他怎么样，你就做给他看。你暴怒，他会怒目相向；你横眉冷对，他也会不屑一顾；你指责抱怨，他会怨声载道。

家长是原件，孩子是复印件，当复印件出现问题的时候，请在原件上找原因。孩子是父母的镜子，父母是孩子的榜样。要从小培养孩子负责任的态度，让孩子明白，遇到任何事情首先想到的是自己的错。父母给孩子更多的是榜样的力量，父母有胸怀、有格局、有大爱、有使命，孩子长大以后必成大器。父母若能严格要求自己，就是在潜移默化中塑造着孩子的人格品德。做父母的，应该为他们美好的前程积极创造条件。宠出来的孩子危险，捧出来的孩子霸道，惯出来的孩子任性，打出来的孩子逆反，苦出来的孩子懂事，磨出来的孩子坚强。如果你的孩子很自卑，是因为你对孩子总是失望，不能耐心鼓励；如果你的孩子不上进，是因为你要求过高，他做不到；如果你的孩子意志不坚强，惧怕困难，是因为你没有给他锻炼的机会。作为父母，我们有权利选择是否将孩子生下来，可孩子不能选择什么样的人当自己的父母，但我要告诉天下所有的父母，父母应该与孩子一起，努力成为孩子选对的父母。

有修养的父母是“伏尔泰主义者”，“我不同意你的观点，但我誓死捍卫你说话的权利”。他们从孩子出生的那天就开始跟孩子讲道理，耐心地征求孩子的意见。不要指望打骂就能让孩子学会服从。杀鸡给猴看的结果是，猴子也学会了杀鸡。

对话比对抗重要，别跟孩子较劲；激励比指责重要，欣赏孩子，告诉他你能行；付出比给予重要，要给孩子爱你的机会，只对孩子付出爱，会让他们没有责任感，只会一味地索取。教育孩子仅有爱是不够的，还要懂得孩子的成长规律，并适应这个规律，如同种庄稼，仅有种好庄稼的主观愿望是不够的，还需懂得种庄稼之道，要认真培育，细心呵护才会有好收成。不让孩子品尝饥饿，他们就不知道食物的价值；不让孩子品尝寒冷，他们就不知道温暖的可贵；不让孩子品尝挫败，他们就不知道成功的艰难。父母对孩子过多关爱，实际上是剥夺了他们体验挫折失败的机会。他们只有经历苦中苦，才能去寻找甜中甜。成长比成功重要，输得起的孩子才能成功。不要总给孩子预设结果，而要重视他的成长过程；经历比名次重要，过分地溺爱会造成孩子无能，要给他们接受磨砺、承受失败和挫折的机会。我钦佩这样一种父母：他们在孩子年幼时给予强烈的亲密，又在孩子长大后学会得体地退出，照顾和分离都是父母在孩子身上必须完成的任务。在孩子彷徨和没有出路时，要适时给他指一条路，而不是给他们设一堵墙；在孩子刚出发时，要扶他上马送他一程，而不是撒手不管。

哄她捧他，是爱的最好养料

老公要悉心呵护自己的老婆，老婆要学会欣赏自己的老公。聪明的老公，包容老婆身上的弱点；智慧的老婆，善于发现老公身上的优点。美满的婚姻里，老公常常把老婆哄得像公主一样，老婆常常把老公捧得像王子一样。爱不是寻找一个完美的人，而是要学会用完美的眼光欣赏一个并不完美的人。

一个男人最大的失误，就是把逗笑自己女人的机会让给了别人。婚姻生活中，总有男人埋怨老婆越来越不像女人，也总有女人悲哀老公越来越不像男人。却不知，他们彼此失望、彼此数落的时候，是否想过：你把她当过女人吗？你又把他当过男人吗？感情不是游戏，谁也伤不起；人心不是钢铁，谁也疼不起。有时候，人们需要的并不是物质的富有，而是心灵的慰藉；不是甜言蜜语的左右，而是心心相通的懂得。爱人的一句话，可以让你高兴很久；爱人的一次冷落，也可以让你伤心很久。

只要是女人，就想在爱的男人面前撒撒娇，总想深爱的男人来哄哄自己。如果你的女人在你面前哭，无论什么原因，请抱紧她，再反抗也要抱紧，趴在桌子上永远没有在你怀里安心。男人的恭维和赞美就是女人最好的营养品，即便是脸上长满皱纹的女人，在男人的怜香惜玉下，也会奇迹般地重新绽放起来。遗憾的是，有的男人不解风情，不懂哄女人，让妻子疏远了，让感情冲淡了，让婚姻走散了。当一个男人的钱，在自己心爱的女人身上花不出去的时候，这段感情也就没有希望了，这其实是男人的不幸。

娶一个美女，不算本事，让女人变得美丽自信，才是一个男人的本事。女人的温柔是男人哄出来的，女人的快乐是男人疼出来的，女人的娇媚是男人惯出来的。当男人埋怨老婆不像女人时，不妨好好检讨一下：你有多久没有哄过自己的老婆了？当初那些滔滔不绝的海誓山盟、甜言蜜语，随风飘散到哪里去了？要知道，女人就像一朵娇美的花儿，如果不想她过早地枯萎凋零，你就得时时为她加点爱的养料。

男人不明白：为什么女人会那么喜欢黏着你？那是因为她把你当作她的唯一，当成她最依赖的人。为什么女人在你不给她打电话的时候会很生气？那是因为她想要听到你的声音，感觉你离她近一点。为什么女人会动不动就使小性子、发小脾气？那是因为她想要你来哄哄她，感受到你对她的爱……

当你嫌弃身边的女人不尽如人意的时候，有没有想过有很多男人都羡慕她对你的这份死心塌地，羡慕她的温柔体贴、勤俭持家，羡慕她的一往情深、不慕虚荣。一个女人可能是你面前的平装书，却是别人眼中的精装书。一个女人愿意把一生的幸福都托付给你，她看上的不是你有多帅、多有钱，而是她已经做好了与你同甘共苦的准备。

有人说，女人的女人味，多半是男人哄出来的。男人会哄的话，再不解风情的女人也会千娇百媚。在男人怜香惜玉的哄和爱中，即便是一个姿色平平的女人，也会渐渐展示出她柔情似水的靓丽和风采，变得光彩照人。男人不会哄的话，再风情万种的女人也会离你远去。在会哄的男人面前，女人像一只温顺的小猫；在不会哄的男人面前，女人就会变成一个喋喋不休的泼妇。

女人应该永远保持着良好的资本。当你的男人对你不忠时，你将有资本换一个比他更优秀的男人，而不是一哭二闹三上吊。有你，我可以坐拥天下；没你，我的世界依然精彩。

生活最重要的是宽容，相处最重要的是尊重。当你希望别人爱自己的时候，问问自己有什么值得别人爱；当你嫌弃身边的男人没有出息时，有没有想过，他没日没夜地努力工作，就是为了让你有更优越的生活条件。一个男人两手空空肯为你去打拼，他为的是能让你过得更好。当老婆埋怨老公不像个男人时，你不如好好想想，你已多久没有捧过自己的老公。等闲变却故人心，却道故人心易变。当初你不是因为喜欢才和他走在一起的吗？现在你的欣赏跑到哪去了？要明白，男人就像一棵树，要想枝繁叶茂，就得浇水施肥。男人总想成为他所爱女人心目中的神，总想他所爱的女人能尊重他，捧着他。聪明的女人应该学会用欣赏的眼光和赞美的话语去开发男人的强者本能，恰到好处地去捧。捧，是满足男人自尊心、发挥男人内驱力、激发男人雄性感最有效的办法。可遗憾的是，有的女人不懂得这个道理，一味地讥讽、嘲笑、打击自己的男人，甚至处处将自己的男人跟别人比，将自己的男人贬低得一无是处，让他抬不起头来。久而久之，男人越来越自卑、越来越懦弱、越来越胆怯，对自己的家庭越来越不上心，导致本该成为幸福港湾的家终日硝烟弥漫、战火不断，濒于分崩离析。这其实也是女人的悲哀。

也有人说，男人的男人味，多半也是女人捧出来的。女人会捧的话，再懦弱的男人也会变得阳刚；女人不会捧的话，再刚强的男人也会走向阴柔。很多男人在人前是顶天立地的硬汉，人后却像个胆小怕事的孩子。一个女人如果老说自己的男人无能，男人可能要么一蹶不振，成为一个别里科夫式的套中人，要么就会在万念俱灰中寻找另一个激起他荷尔蒙、带给他新希望的女人。嫁一个成功的男人，不是通往幸福婚姻的捷径，帮助自己的男人获得事业的成功，才是成就幸福婚姻的源泉。聪明的女人应该学会用欣赏的眼光、用赞美的语言去开发男人的智慧和潜力。即便你自己的男人是一个最普通、最平凡的人，你也要用伯乐的慧眼发现他千里马一样不为人知的闪光点，你也要用自己的激情和爱去为他鼓鼓掌、捧捧场。

女人一句赞许的话或一个鼓励的眼神，就能让男人犹如上足发条的马达，不知疲倦地向前奔跑。男人就像一棵茁壮成长的参天大树，要想他长得枝繁叶茂、郁郁葱葱，你就得天天为他松土施肥。一匹骏马，要有一个好的车夫来驾；一个好的儿子，要有一个好的妈妈来疼；一个好的男人，要有一个好的女人来捧。

做男人身累心也累，累得身心交瘁，累得也常常想偷偷地流泪。但有的女人不理解，为什么男人总是那么晚才回家？为什么男人总是那么晚才肯睡？这种苦累，只有男人自己知道。如果一个男人真的爱你，他唯恐自己没本事照顾好你，从而加倍努力。如果他事事与你计较，随便对你发脾气，那只是说明他爱自己，没有爱你的欲望和能力。女人会捧的话，再自卑的男人也会多几分自信。

要知道，自己的女人，自己不哄，总有喜欢哄她的男人；自己的男人，自己不捧，也总有乐意捧他的女人。现实生活中，出了问题的婚姻，多半是男人或女人在心灰意冷中，想找一个善解人意，能哄她、捧他的人。两个人在一起久了难免会拌嘴，在气头上说出的话句句似刀，而那个肯留下来和你吵架也不想离开你半步的，才是真正爱你的人。

真正的感情，就是两人在一起久了，慢慢变成依赖，爱情慢慢变成亲情，就算两个人在一起没有当初的激情，别忘了还有感情。当你想要放手的时候，有没有想过离开后的痛苦？恩爱的夫妻不是谁征服谁，而是谁迁就谁。不少夫妻喜欢在婚姻中占据上风，鸡毛蒜皮的小事也要争个输赢，喜欢把家庭变成辩论的赛场，凡事喜欢较真，一定要争出个是非对错才会善罢甘休。殊不知，这样过分的争论，正是感情和婚姻的大忌。互相迁就是建立愉快的、和谐的夫妻关系所不可或缺的。夫妻生活需要的是“难得糊涂”，是睁只眼闭只眼地过日子。天下没有完美的人，更没有十全十美的婚姻。在婚姻中，如果一味地苛求完美，时常睁大眼睛挑毛病，动不动就用放大镜找问题，那么，恐怕连最完美的人身上都能挑出毛病，这样的婚姻是难以长久维持下去的。夫妻同心，黄土变金。夫妻之间，吵吵闹闹都有理，磕磕碰碰都正常，唠唠叨叨不过分，再烦也睡一张床。

学会“捧”和“哄”，是夫妻之间保持感情的最佳方法。结婚后，每个人都有自己的交往圈子，夫妻双方有时糊涂点，给对方保留点个人空间，反而更有吸引力。给别人空间，也是给自己自由。请记住，在爱情的生活中，如果两个人都不糊涂，那么就没有安宁之日；如果两个人都会“糊涂”，那么就家和万事兴。

父母的爱，是你永远报不完的恩

记得小时候，每逢祭祖，总是父母带着我给先人烧纸钱，而如今，是我和兄弟姐妹给他们烧纸钱了。想想以前，我们还小，傻傻的，总觉得烧纸钱是迷信，人都没了，烧那些有什么用？可如今，每次都觉得自己烧少了，怕火太小了，烧不完。其实，那烧的不是纸钱，是念想，是寄托，是惭愧，是弥补。也只有在烧纸钱的时候，我才能光明正大地哭一场。你不知道，我以前胆子可小了，怕鬼、怕坟、怕做梦，可现在我一点也不怕，只想他们能够回来一次，回到我的梦里，哪怕再看看我一眼。

你可知道，有父母在的日子是多么的幸福。父母在，人生还有来处，父母走了，人生只剩归途。父母是这个世上与你关系最亲密的人，唯有父母，会一生一世把你放在心上，无论什么时候，他们都不会抛弃你，哪怕全世界都抛弃了你，他们永远也不会丢下你。当熟悉你的人，都在关注你飞得高不高的时候，只有你的父母，会担心你飞得累不累；当身边的人，都在关注你走得远不远的时候，只有你的父母，会担心你过得好不好。父母对子女的爱是血浓于水的爱，是骨肉相连的爱，是自然超然的爱，父母才是这个世上至亲至敬至爱的人。

人的一生中，对自己恩情最深的莫过于父母。是父母给予了我们生命，是父母辛勤地养育着我们，我们长大成人离不开父母的悉心关怀、百般爱护。我们的成长凝聚着父母一生的心血。除了父母，没有人会无缘无故对你好；除了父母，有多少人会因为你生病而牵肠挂肚；除了父母，又有多少人会无条件地接纳你、包容你。任何人都可以不关心你，任何人都有权利不理会你，任何人都有理由选择放弃你，但你的父母永远不会。在这个世上，能真正心甘情愿为你付出生命的人，只有父母。父母才是天底下最可信的人，他们是你最坚强的后盾。

父母与子女生来就是血浓于水的亲情，还有哪种情会比父母对子女的情来得深厚，来得真挚？还有哪种情能代替父母对子女的恩情？你赤条条地来到这个世界上，从小到大，父母为你洗过无数次的澡，为你穿过无数次的衣，为你操过无数次的心。你不会走路，他们牵着你的小手过马路；你不会吃饭，他们就给你喂饭，等到把你喂饱了，饭菜都凉了。你为父母承担了多少？你又为父母付出了多少？有些人，把宠物当宝贝，视爹妈为累赘；有钱养宠物，没空理父母；带着宠物逛商场，不陪爹来不陪娘；时不时给宠物洗个澡，从来没给爹妈洗过脚。当父母老了，走不动了，希望你记得，小时候是谁扶着你一步一步地学走路；当父母老了，讲话不清楚了，希望你记得，小时候是谁一句一句地教你说话；当父母老了，记性变差了，希望你还记得，小时候是谁耐心地提醒你、帮助你。时间会让父母多几道皱纹，可是你要记得他们的青春都花在了谁的身上。不要在父母听不见了才跟他们说“我爱你”，不要在父母走不动了才带他们去旅行，不要在父母已经不在了才追悔莫及。

每个人都会老，父母陪我们长大，我们陪父母变老。当父母老了的时候，为人子女要耐心细致地照顾他们，不能流露出嫌弃和厌烦，更不能有过激的行为。想想父母在你小时候不厌其烦地照顾着你，从没有过半点怨言和懈怠。父母为你付出了这么多，你难道不应该也为父母做点什么吗？父母在世的时候，多留点笑容与安慰给他们，还有谁的恩情、谁的关怀可以替代父母的恩情和关怀？

如果有一天，生你养你的两个人都走了，这世上就再也没有人，会像他们那样毫无保留、真心实意地疼爱你了。做儿女的，不管你有再多的成就、再大的作为，都不如从现在开始，好好地孝顺父母，善待父母就是善待明天的自己。

如果有一天，生你养你的两个人都走了，这世上就再也没有人，会像他们那样嘘寒问暖、体贴入微地呵护你了。做儿女的，不管你工作多忙、时间多紧，都不要让父母等待的心留下终身的遗憾。

如果有一天，生你养你的两个人都走了，这世上就再也没有人，会像他们那样唠唠叨叨、不厌其烦地关心你了。做儿女的，一定要多去关爱父母，多问问父母最近好不好，如果不在父母身边，至少每个星期打个电话给父母，告诉父母自己的近况，别让父母为你担心。别总是伤父母的心，在父母有生之年里，多给他们一些快乐。

如果有一天，生你养你的两个人都走了，这个时候在父母的坟前哭得肝肠寸断，不如父母在世的时候常回家看看，多陪陪他们。有时候，父母仅仅是需要你回家，能看到你而已，他们没有过多的要求。不要把太多的时间浪费在娱乐上，不要把太多的精力透支在社交里，不要把太多的情感纠缠在恩怨中。别让父母望眼欲穿，却还看不到你；别让父母那颗期盼的心，一次次失落。

照片是时光最好的亲情记录。每年至少跟父母照一张相，他们以后即使真的走了，还有照片活在你的心里。如果还没有跟父母照相的，那就赶紧去照吧，你们有大把的时间跟别人合影，难道跟父母照相就那么难吗？所以，别等到父母不在了，才想起要和他们照相，那该有多遗憾啊。

父母是为我们立账户的人，他们倾尽了一辈子的心血，即使直到他们离我们远去，欠父母的账我们都无法还清。但我们心里应该有这样一本“账”，时时刻刻要记得父母的恩情，一有机会就要准备加倍奉还。父母在世的时候，要对他们好一点，别让父母总是为我们操心，父母不需要你挣多少钱给他们花，但他们很需要子女的陪伴，子女才是父母最深的牵挂。

其实父母挣来的每一分钱，都很不容易。这一点，出身于普通家庭的孩子应该有更深切的体会。当父母在烈日炎炎下满头大汗地从事体力劳作时，当父母在小小格子间里腰酸背痛地从事脑力劳动时，你又于心何忍一顿大餐就消费掉他们一天的薪水？当你穿着一身光鲜亮丽的奢侈品招摇过市的时候，当父母不懂你说的品牌，甚至穿得土里土气让你觉得很丢脸的时候，当你觉得你的知识、素养、视野都远超父母，因此嫌弃父母“没见过世面”的时候，你可曾想过，正是父母坚强有力的肩膀托举着你站在更高的地方，你才有机会看到更大的世界？你活得青春无敌，过得光鲜亮丽的背后，是含辛茹苦、省吃俭用、无怨无悔，愿意承受这世间所有的委屈，甚至向这个世界低声下气的父母。你可曾想过，父母对你的疼爱，是谁也无法超越的，父母才是你生命中最伟大的人。

苦日子过完了，父母却老了；好日子开始了，父母的身体却不行了。别总以为孝敬父母可以等待，等自己准备好了，再给父母一个交代。却不知人生充满着许多意外，谁也不知道下一秒会发生什么。你可知道，叫声爸妈还有回音，是这辈子最让人心安的事。想想这一生，如果以每年春节才回去一次来计算，你还能与父母见几次面？我们等待成功的速度，远远赶不上父母老去的速度。我们忙碌了一天，总觉得对得起自己，可是父母在寂寞与失望的等待中，慢慢地枯萎凋零了。

孝顺是生前的一日三餐与陪伴，而不是死后奢华隆重的葬礼。父母是我们的光，照着我们来时的路，也照亮我们前行的方向。对待父母的态度也会影响我们一生的命运，善待父母，世界才会对你温柔以待。正所谓，年少不知父母恩，半生糊涂半生人。门前有车不算富，家中有娘才是福。生前尽孝不能等，莫留遗憾悔终生。朋友们，父母的爱，才是你永远报不完的恩。

家的港湾
是你永远温暖的怀抱

家是什么？家是孩子一声稚嫩的呼唤，是爱人一句不经意的叮嘱，是坐在沙发上和亲人一边看电视一边聊天的恬美温馨。家是一座充满爱的房子，可以融化生活的冰霜；家是一盏心灵的明灯，可以照亮晚归的旅程；家是一个温暖的港湾，可以遮挡人生中不可避免的风风雨雨；家是成年人疲惫时的退路，可以安抚你心灵的伤痛，给你信心和力量。家是受伤时让你最想回到的地方，是收获时让你最想分享的摇篮。

“我想有个家，一个不需要华丽的地方”，这首歌唱出了多少人的心声，承载了太多的希望与梦想。很难想象，在你事业拼搏的路上，如果没有一个家做你坚强的后盾，做你心灵的驿站，永远为你守候，支持你、鼓励你，你怎能有不断进取的雄心壮志？你又怎能没有后顾之忧地一往无前？当你遇到挫折困难，心灰意冷想要放弃的时候，如果没有家这个永远向你敞开大门的避风港，你又怎能有勇气摔倒了再爬起来？怎能擦干眼泪继续向前行？

没有人不想有个家，没有人不想有个幸福的家。家，也许是简陋的草屋，却是一份风雨不动的磐石、永恒不变的情感。在人生的旅途中，家是你永恒的港湾，疲惫了，想一想家，那是你力量的源泉；在社会的纷争中，家是你永恒的依靠，惧怕了，想一想家，那是你自信的来源；在生活的困惑中，家是你永恒的殿堂，迷失了，想一想家，那是你生命的归宿。人到了一定的年纪，你才会真正地领悟到决定生活质量的其实就是你的家，永远要记住一家人其乐融融、和和睦睦，这比什么都重要。要知道，这世上任何投资都是有风险的，只有对家的投资没有风险，而且是一本万利。你给孩子一个笑脸，他会给你一轮太阳；你给伴侣一个拥抱，她会给你整个春天；你给家一个温暖的怀抱，她就是你此生最好的奢侈品。

家是一个疗伤的地方，在家里，你可以不用掩饰，不用伪装，不用担心，没有人会告诉你这话不适合说，这事不适合做。相反，会有人安慰你、宽容你、谅解你。当你恢复了平静，你才知道，其实也没什么大不了的，只是一时想不开而已。工作和事业失败了，那都可以重来，我们还有许多的时间把梦想变为现实，脚下的路，还是那样的开阔平坦，生活还是那么的阳光灿烂。无论在外面遇到多大的风雨，家庭的港湾是你永远温暖的怀抱。

家是宁静安定的，也是温暖甜蜜的。它可能不华丽，但一定很温馨。那点点滴滴的幸福，实实在在的欢乐，时刻都可以把它装扮得暖意融融。它可能不富裕，但一定会洋溢着笑和爱，一句贴心的话，是浓浓的亲情，是厚重的给予。家就是有亲人默默等候的地方，无论你是在天涯，还是在海角，只要想到家，就会有一种亲近感回荡在心头。家是有根有叶的大树，家是最温暖的地方，因为那里有自己最爱的人和最爱自己的人，有日夜盼着你回来的爷爷，有最疼你的奶奶，有爱意满满、不善言辞的父亲，有忙着张罗饭菜的母亲，有活蹦乱跳、天真无邪的娃娃。只要每天都能看见亲人的笑脸，何尝不是一种幸福？

有父母在的地方才是真正的家，世界上最好的家风是爸爸爱妈妈，最好的家教是爸妈恩爱，最好的亲情是爸妈爱我。爸妈在，家乡就是故乡，爸妈不在，家乡就是他乡；爸妈在，兄弟姐妹是一家，爸妈不在，兄弟姐妹是亲戚。家有老人，意味着亲情还在，昭示着生命的黄昏还很遥远。可很多人，宁愿把更多时间消耗在同事和朋友身上，却不愿意把时间用在陪伴身边的亲人上，因为大家在潜意识里认为亲情是牢不可破的。正因为觉得亲情牢不可破，即使不去维护也不会失去它，所以，他们往往忽视了至亲的感受，并没有意识到，你的亲人也有渴望和要求，渴望你能经常跟他们聊聊天，唠唠嗑，一起上街买买菜，一起在家谈谈心，聊聊身边的人、身边的事。能时常陪伴着家人，我们还有什么理由不幸福？

家是讲爱的地方，不是说理的课堂。家是夫妻编织梦想，共同品味人生酸甜苦辣的窝。幸福的家一半是依恋，一半是责任，它需要夫妻共同维护，共同承担。女人之所以义无反顾地踏入婚姻的殿堂，与男人组成一个家，就是希望能从家中感受到那份专属于她的宠爱。有爱的家，无论多么辛苦和劳累，都是幸福的。所有的成功都弥补不了家的失败。一味地要求两个人必须有同样的思想、同样的判断、同样的欲望，那是荒唐可笑的，也是永远不可能实现的想法。在和睦的家庭里，每对夫妻至少有一个是“傻子”，如果两个人都不糊涂，那就没有安宁之日。好夫妻，永远都在相互装傻，相互护短。能够相互包容护短的夫妻，才能组成和谐幸福的家庭。夫妻好比同一把琴上的弦，只有各司其职、相互配合，在同一个旋律中同频共振、琴瑟和鸣，才能弹奏出美好婚姻的和谐乐章。

幸福的家庭大多相似，不幸的家庭都有各自的不幸。一家人过日子，要有所迁就，有所包容，才会幸福安宁。所以，维系家庭平衡与长久的重要法则就是沟通与包容，无论何时何地，无论何去何从，别忘了，家永远是我们最忠实的依靠、最坚强的后盾。家是人生最美的拥有，是一份牵挂中蕴含的一种温暖，是一点温柔中隐藏的一片安宁，是一次体贴中流露的一丝情感。朋友们，常回家看看吧，那是给你最深沉牵挂的臂弯，是给你最温暖怀抱的港湾！

爱的最高境界就是懂你

在爱情的世界里，能找到一个知己，是多么的不易；能遇到一个懂你的人，是多么的难得，往往需要一定的勇气和运气，一旦拥有，我们要倍加珍惜。懂你，就是将心比心、以心换心，不用说太多，一个眼神就知道你在想什么，这种心灵的契合就是一种缘分，更是一种福气。其实，感情不一定要太完美，只要有一个懂你的人一直站在身边；爱不是找一个完美的人，而是用完美的眼光欣赏一个不完美的人。感情中，最难得的不一定是爱，而很可能是懂得；生命也不必过多装饰，有一颗懂你的心与你相依相伴，与你分享每一个微小的瞬间，这已是惬意人生。真正的富有，不是腰缠万贯，而是情投意合的相守；长久的陪伴，不是形影不离，而是灵魂深处的懂你。懂你就会疼你，懂你就会毫不犹豫地接纳你、包容你、支持你，这就是对懂你疼你的最好诠释。

一个人最幸福的感受，不是年轻时有多少人爱你，而是随着岁月流逝，依然还有人不离不弃，一往情深地爱你、懂你，只有懂你的人，才能感同身受。懂你的人，哪怕你鼾声如雷他也能安然入睡，没有鼾声的陪伴还有点不习惯；疼你的人，哪怕你任性、撒娇，甚至无理取闹，这些常人眼里的缺点也会变成他眼中的优点。因为懂得，所以习惯了接受；因为理解，所以能容忍你的不足。相爱其实很简单，就是用你的真情换取他的真心，在这段关系中，没有猜疑、没有试探，只有最纯粹的信任和依靠，你爱他的优点，也能接受他的缺点，你支持他的梦想，也能理解他的困境，既然选择了，就能包容他的现在，也能成全他的未来。在感情的世界里，没有谁对不起谁，只有谁不理解谁。有人疼你时，你可以撒撒娇，说自己连拧开矿泉水瓶盖的力气都没有；没人疼你时，哪怕是桶装水，一个人也要扛上楼。行不行没有绝对，感受到一颗懂你的心，你可以柔情似水，也可以愈发坚强。长久的关系，从来不是一厢情愿地付出，而是能够帮助你树立正确的人生观、价值观，关键时刻引导你做出正确的选择，总是能够让你感到温暖和安全，能够让你保持积极向上的生活态度，勇敢地面对生活中的挫折和挑战。

懂你，应该比喜欢你更重要。它是一个深情的眼神，心领神会；它是一抹无言的微笑，心有灵犀。懂你，是因为了解你成功背后的艰辛，是看到你坚强背后的不易。

懂你，是一种默契的温度，它可以放大你的喜悦，也可以承载你的不快。懂你，是一种温情的语言，寥寥数语，却包含了情深几许，他痛苦着你的痛苦，快乐着你的快乐。懂你，是一种支撑的力量，有时候，它是一把伞；有时候，它是一座山；为你遮风挡雨，为你摇旗呐喊。

一个懂你的人，即便是相隔千里，也能感受到你的心跳。有个懂你的人，是最大的幸福。世界这么大，找一个懂你的人，有时候就像大海捞针，有时候却又近在咫尺，知己难得，难得知己。在我这里，无须伪装，真实的你就是最美的样子。再美的美味，不如荒山野岭中的火种重要；再好看的衣服，有时候还真不如有人跑几条街为你买来的豆浆油条重要；再强的武器，不如公海里的导航重要；再多的存款，远不如你生病时的一杯热水重要；再有钱的朋友，不如知冷知热的知己重要。

总有一个人，把你看得很重要，宁愿失去所有也不肯把你丢掉，这种爱很难得，但有时候也是一种负担。如果不懂你的眼泪，不懂你的逞强，他又怎能看穿你口是心非背后所有的悲伤？再强势的女人，一旦遇到懂她的男人，就会柔情似水；如果一直都有依靠，谁还愿意做个女汉子？所以，不要说女人强势，只是你驾驭不了她。经历风雨，方知情有多深；携手同行，用爱去点亮彼此的生命。你的快乐我分享，你的忧伤我分担，懂你的人，愿意为你付出时间和精力，无论何时何地，他都会在你身边给予关心和帮助，在你需要时，他会毫不犹豫地伸出援手。

关注你的人，看的不是你的微信，而是你的世界。在乎你的人，看的不是你的文字，而是你的心情。点赞你的人，送来的不是鼓励，而是对你的关注；评论你的人，不是需要你的互动，而是期待你的陪伴。懂你，才想和你说话，轻松愉悦、妙趣横生、如沐春风，那才是他所需要的境界；和一个不懂你的人交流，总会感到索然无味、话不投机，甚至如坐针毡。朋友，见不见面不重要，知心可靠才重要；恋人，钱多钱少不重要，愿意给你才重要；夫妻，贫穷富有不重要，彼此珍惜才重要。

人生是一次长途旅行，快和慢往往没那么重要，平安到达终点才重要；两个要好的人，天天见面不重要，互相懂得才最重要。懂你，距离不重要，时间不重要，每一个细节都是爱的表达，每一次关心都是温暖的传递。

不是每个人都能和你白头到老，有的人是和你一起成长的，有的人是和你一起生活的，有的人只是你人生的过客，有的人成了你一辈子的怀念。懂你才会更疼你，这样的爱才有分量。有人说，女人的爱是男人疼出来的，长年累月的冷漠就变成了恨；女人的温柔是男人宠出来的，无休止的争吵把很多优秀的女人也变成了怨妇；冷漠和争吵没有得出真理，被逼出来的只剩下无情和衰老。当你懂一个人的时候，爱，早就驻扎在他的心里。懂一个人是最长远的喜欢，懂一个人是最心安的陪伴，能拴住一个女人的往往不是金钱，也未必是厮守。一个不懂得疼你的男人，一不小心就把你变成了疯子；一个会疼人的男人，不经意间就把自己的女人宠成了孩子。

还有人说，拼了命得到的，才会拼命去守护；轻易到手的，到最后往往满不在乎。相遇总是猝不及防，而离别多是蓄谋已久。想离开一个人，可以找出千万种理由；下决心要陪伴一个人，你撵都撵不走。可以伪装温柔，可以制造浪漫，只有情感无处躲藏。如果我想见你，似乎没有什么能够阻挡这种念想，哪怕千山万水、浪迹天涯，我也要来到你身边。

我们一生中会遇见很多人，但真正能够留在心里的屈指可数，最好的感情不是朝朝暮暮，而是细水长流；不是风花雪月，而是在一起走过每一个日常的瞬间。与情深的人，可以相濡以沫；与缘浅的人，可以相忘于江湖。和最懂你的人，可以长久相伴；和最疼你的人，可以相聚终老。不需要轰轰烈烈，也不沉迷于缠缠绵绵。你陪我买菜做饭，我陪你爬山游玩。一个“懂”字，写满了红尘岁月，阅尽了人间甘苦，胜过了千言万语，胜过了金山银山，化成了爱的最高境界。

梦里重逢

别后相思常自哭，夜后空枕难入眠。秋风吹动了想你的思绪，月色如水，思念之情如潮涌动，闭上眼，感受到你的存在，仿佛你仍在身边，从未离去。每个夜晚都在苦苦寻觅你的身影，你依然以那慈祥的笑颜，温暖着我每一个孤独的夜。我的梦，常常穿梭于过去与现在之间，每一次与你的重逢，都是心灵深处最温柔的缱绻。

那是一个春末夏初的时节，天空时常布满阴云，雷声轰鸣、风急雨骤，仿佛连大自然也在为我家中的不幸而哀悼。一生勤劳、正直、充满智慧与慈爱的你，因多病复发，最终未能战胜病魔，永远地离开了我。那一刻，家中的天空仿佛崩塌了一般，我瞬间失去了最坚实的依靠，最温暖的港湾。

梦中的世界，总是那么美好而又真实。我常常梦见自己回到了那个熟悉的故乡，荷塘、月色、老屋，一切都如昨日重现。你依然走在去渔场的田间小路上，跟渔民们说说笑笑；夏日里，你坐在那张大竹床上，微笑着听我讲述外面如花似锦的世界。冬天，我们一起走街串巷，帮乡亲们画中堂画，乡间的小路坑坑洼洼，你叮嘱我注意看路、别摔着。我望着你的背影，心中涌起一股暖流，仿若昨日，就如回到了记忆中美好的童年。

在我的记忆中，你总是那么慈祥、那么乐观、那么开朗。无论遇到多大的困难，你总能以豁达的心态去面对，从不轻言放弃。你时常告诉我们，人生就像一场戏，有喜有悲，有得有失，重要的是要学会珍惜当下，勇敢面对未来。你的这些话语，如同春雨般滋润着我的心田，让我在成长的道路上更加坚韧不拔。

你不仅是我人生道路上的引路人，更是我精神上的支柱。你的一生，充满了对生活的热爱与追求。你热爱乡土文艺，琴棋书画、吹拉弹唱样样在行，你的这些才艺不仅丰富了自己的生活，也给乡邻们带来了许多欢声笑语，更给我们兄弟姐妹留下了宝贵的精神财富。

端午时，你在龙舟上，敲锣打鼓，龙舟上的伯伯叔叔们跟着你的喊号，协调一致、奋力划桨，龙舟游过时你望向我们，满是慈祥的笑容，我和弟弟妹妹们在岸边为你加油鼓劲，大声喝彩。年节里，你划着彩轮船，说着彩段，我紧跟着你，看着你那份专注与执着，让我感受到了前所未有的幸福与满足。那一刻，我仿佛回到了从前，回到了孩提时代，无忧无虑，兴奋得一蹦三尺高。然而，好梦易醒，一切美好如梦幻泡影、如雾如电、如烟如云，单单留下满面泪痕的我，在黑夜里找寻内心记忆深处的那一丝丝短暂温情。

雨一直下，敲动窗沿，敲碎我心。我试图用力把眼睁开，总想在暗夜中找寻出你的身影；我急了，想呼喊，却发不出声；我醒来，想寻觅，却茫然无措；终归是大梦一场，醒来愁肠百转。

人过半百，弹指一挥间。当年那个跟着你、依赖你的孩子，已人到中年。回想刚入伍时，你题给我的

“武治安练武习文，警为民志高情涛”对联，饱含了你的殷切期望，让我在从军旅程中一路凯歌高扬。你虽已远去，但你的音容笑貌在心中从未改变。你依然那么慈祥、那么坚强，是我心中永远的骄傲与榜样。每当夜深人静之时，我总会想起你那些教诲与鼓励的话语，它们如同灯塔一般指引着我前行的方向。

最疼我的人去了天堂，而我却留在人间，除了思念就是回忆。所有人都以为我走出来了，只有我自己知道那种走着走着会流泪的感受，无人能懂。走出来是你以为的结束，是给别人看的，释怀是骗自己的，一个人独自流泪才是真的。每当夜深人静，我总会沉浸在对你的回忆之中。那些美好的时光、那些温馨的画面如同电影般在我脑海中一一闪过。虽然你已经离我而去，但你永远活在我的心中，成为我生命中最重要的一部分。

为了这份深厚的思念与回忆，我应该感谢梦，是梦让我得以在心灵深处与你重逢，感受那份久违的亲情与温暖，是梦让我得以在孤独与寂寞中找到一丝慰藉与力量。在未来的日子里，无论我走到哪里，无论我遇到什么困难，我都会带着你的爱与教诲，勇敢地走下去。因为我知道，你一定换了一个方式，继续守护着我，守护着我们这个家，守护着你的亲朋好友。

父亲，今夜梦里能否再相逢？

好的妻子
就是你生命中的贵人

男人似乎一生下来就是在寻找，寻找一个可以共度一生的女人；女人似乎一生下来就是在等待，等待一个可以托付终生的男人。如果说，丈夫是家庭的“中流砥柱”，那么妻子就是家庭的“定海神针”，有了她，心里踏实不乱跑；如果说，丈夫是家庭的“主心骨”，那么妻子就是家庭的“开心果”，有了她，心情愉悦不忧伤；如果说，丈夫是家庭的“天”，那么妻子就是家庭的“地”，有了她，幸福才有枝繁叶茂的土壤。正如《易经》中的“阴”和“阳”，相互依存，对立统一，缺一不可。在家庭里，妻子从来都扮演着非常重要的角色，她是家里的女主人，是丈夫的伴侣，是孩子的母亲，她的幸福关系着整个家庭的美满。一个没有血缘关系的平凡女人，能为你操持家务，为你哺育儿女，为你洗衣做饭，为你端茶倒水，这样的女人就是你生命中的贵人。

“妻子”是人世间最温馨、最甜蜜、最朴实和最生动的字眼，是包含了中国女性所有传统美德的一个充满爱的称谓，也是最贴切的称呼。在我看来，称“老婆”过于随便，称“夫人”或“太太”过于文雅，只有称“妻子”，才最能体现黎民百姓家庭夫妻之间的鹣鲽情深，那种“心有灵犀一点通”的韵味，那种甘苦与共、相濡以沫的情分和境界。妻子也许很柔弱，撑不起太大的一片天；妻子也许不够漂亮，没办法让你带出去很有面子；妻子也许挣钱不多，没办法为你分担过多的经济负担。但她能够孝敬老人、相夫教子，为这个家庭默默守护、倾其所有。正所谓，贤妻旺三代，好妻福自来，遇上了这样的妻子，我们要好好珍惜。

男人一生最大的成功，莫过于婚姻的成功；最大的幸福，莫过于家庭的幸福；最高的品位，莫过于能娶到一个善解人意、对人体贴入微的妻子。男人的一生，口碑好不好、格局大不大、层次高不高，在某些方面取决于他的另一半。漂亮的女人养眼，才情的女人养性，善良的女人养心，贤惠的女人养德。选择了什么样的女人，就等于选择了什么样的生活。娶个有趣的女人，幸福快乐过一生；娶个有才华的女人，诗情画意过一生；娶个勤劳的女人，轻轻松松过一生。身边有一个贤淑温柔、善解人意的好妻子，总能让你如沐春风、和煦惬意。只要给她一双温暖的手，一声温馨的问候，她将成为你成功的发动机、幸福的发源地。这样的好妻子，就是男人一生的成就。

优秀的丈夫是妻子一世的依靠，贤惠的妻子是丈夫一生的贵人。俗话说，“十年修得同船渡，百年修得共枕眠”，妻子与你是天地合一、阴阳互补、缺一不可的共同体。明事理的妻子是你愿意把金钱、财富和毕生奋斗的意义交到她手中的女人，更是最值得你疼爱和呵护的女人。她是不花钱却能将你照顾得无微不至的保姆，是不拿工资却能把家打理得纤尘不染的清洁工，是不花大价钱却能让你天天吃上可口饭菜的大厨。她身兼数职，是这世间最不讲条件、最不讲价钱、最关心理解你的人。

有人说，女人二十岁的脸是天生的，三十岁的脸是生活雕刻的，而五十岁的脸就是丈夫灵魂的模样。你之所以觉得外面的女人漂亮有趣，是因为她们只参与了你的吃喝玩乐，而没有参与你的柴米油盐。千万不要感觉家中的贤妻不如别的女人漂亮，而把目光转向更年轻貌美的女性。要知道你的贤妻曾经也年轻漂亮过，也妩媚动人过，也风情万种过。她起早贪黑地为了这个家，才早生华发；她精打细算地为了这个家，才皱纹满脸爬；她省吃俭用地为了这个家，才不再靓丽如十八。不要问你贤妻的窈窕身段去哪里了，请回头看看你的孩子，因为她舍下苗条身段，只为了成为孩子的母亲；不要问她美丽的容颜哪去了，因为你在外打拼的时候，她里里外外一肩挑；不要怪她总是不修边幅，因为她每天围着灶台绕，没有时间穿漂亮的衣服。一家人的“柴米油盐酱醋茶”由她管，一家人的“衣食住行玩乐用”由她理，她入内能相夫教子、素手添香，洗手做羹汤，在外能养家糊口，事业有成，转身闯职场，还要把一家人的日子过成“琴棋书画诗酒花”。她总是心怀感恩，不抱怨、不计较，甘愿为丈夫、为家庭默默付出，让男人没有后顾之忧，放开手脚闯江湖。

为了丈夫，为了孩子，为了这个家，她倾注所有的心血。为了你，她抛下自己的父母，来照顾你的父母；为了你，她承受怀胎十月、身材变形的无奈；为了你，她除了煮饭做家务带小孩，还得承受工作上的压力；为了你，她得适应一个完全不同的家庭，还要面对丈夫亲友团挑剔的目光，受了委屈，泪水只能往心里藏。你贫穷，她不离不弃；你生病，她衣不解带；你在外打拼，她在家守候。她为男人的事业倾注了多少，她为子女的成长付出了多少，她为家庭的忙碌奉献了多少，直到自己的容颜老去、青春不在，也无怨无悔。

我们常说，家是一个能给你浮躁的心带来安抚的港湾，妻子就是这个港湾的守护神。因为有了她，家才完整和谐、温馨甜蜜。家庭的温度取决于女人的格局，很多放荡不羁的男人结婚后却变成了好人，很多意气风发的男人结婚后却颓废了。在温柔体贴的妻子面前，你能像一个不懂事的孩子一样轻松愉悦；在一个包容豁达的妻子面前，你能像一个父母膝前的小孩一样无所顾忌。在一个不明事理的妻子面前，你只能浑浑噩噩、一事无成。男人最大的不幸，就是娶到了一个不尽孝道、品行不端的妻子，导致家庭矛盾重重，这样的家庭很难培养出有出息的孩子，更成就不了家庭的幸福。

一个女人最好的嫁妆，就是一世的理解和尊重，而一个男人最好的聘礼，就是一生的迁就和疼爱。真正的爱不是改变对方，而是修正和完善彼此的思维观念，一起成长。两个人在一起要轻松快乐，没有压力。一个愿意讲，一个愿意听。好的夫妻都是彼此精神上的导师、事业上的帮手、生活中的牵挂、开心时的玩伴、失败时的后盾，懂得用情感去经营生活，爱情就能以亲情的方式保鲜。不要理所当然地认为，妻子娶回家就是为丈夫服务的，就必须时刻围着丈夫转，伺候好丈夫。世界上有这样一种男人，他不爱你，也不放过你；他不珍惜你，也不想失去你；他说爱你，却做着伤你的事。男人总会忽略身边最爱他的人，而宁愿花时间去应酬那些陌生人；女人总是把太多时间放在最爱的人身上，而完全忽略了身边其他的人。这样建立在不平等基础上的婚姻注定是失败的，是会以悲剧收场的婚姻，这样的家庭也注定是不幸的。妻子关心自己的丈夫，天经地义；丈夫关心自己的妻子，理所当然。但有一种女人，她表面上看起来很开心，没有烦恼，你以为她过得很好，却不知道她开心的背后隐藏着无尽的烦恼，她把所有的不如意留给了无尽的黑夜，这种心酸和苦楚是被不解风情的男人长年累月折磨出来的。你可以丑陋，可以贫穷，但你不可以令她失望。好好地爱惜自己的妻子吧，多留一点时间和空闲给自己的妻子，不要忽视她为你做的一切，爱一旦拥有，就一定要珍惜。婚姻生活里，男人要多呵护、照料和包容自己的妻子，要成为妻子避风的港湾，成为滋润妻子的雨露阳光，成为妻子一生幸福的航向标。要知道，让一个有情有义、有爱有趣的女人，突然觉得有钱就行，这是一个男人最大的失败。

夫妻相处久了，难免磕磕碰碰、互相嫌弃。丈夫应该处处让着妻子，哪怕明明知道是妻子的错，也要学会理解和包容。时间长了，妻子也许会问“你为什么每次吵架总是让着我，有时明明是我的错，你还让着我”。明智的丈夫会说：“因为你是我的妻子，你永远都是对的，对的是对的，错的也是对的；对的全是你的，错的都是我的。就算我吵赢了，又能怎么样？赢了道理，输了感情，输了你，我也输不起。”这一句爱的表白胜过多少甜言蜜语。世上没有不吵的夫妻，都是边吵边好，吵时恨不得弄死对方，好时又恨不得为对方而死。老伴老伴，到老才是伴。一段感情，只有学会了相互低头服软、互相迁就，才会走得长久。都说婚姻是一场修行，就是在提醒你要忍耐对方的缺点和不完美。两个人的世界里总要一个闹着，一个笑着；一个吵着，一个哄着。如果夫妻间一个人总是输，不是口才不够好，只是不忍心把最伤人的话说出口，总要有一个人“输”了，两个人才能赢。如果有大度包容的丈夫，哪来不明事理的妻子？哪里有过不好的日子？哪有不恩爱的夫妻？夫妻之间最好的状态是什么？我认为，夫妻之间，大事一起商量，小事相互理解，再吵也别冷战，再闹也别翻脸。两个人在一起，难免会争吵，争吵了不要紧，关键是争吵过后还想在一起过一辈子。

人生就是一道选择题，怎么选都会有遗憾，好多婚姻都是将错就错、“搓”在一起。有些婚姻只能证明你不是单身，但有可能你活得比单身还孤独；有些婚姻陪伴的只是身体，灵魂从未匹配，只是钱让多少不相爱的人睡到了一起；有些女人宁肯守着不爱的婚姻也不愿意离婚，因为和谁结婚都一样，维持现状起码有个共同的目标——为了孩子。由此看来，现在的婚姻有三种情况：第一种，两人天天吵架，没有理解，只有相互的埋怨和争吵，这样的婚姻叫折磨；第二种，两个人在一起只是为了生活，没有节日、没有惊喜、没有感觉、没有关心，更没有交流，这样的婚姻叫搭伙；第三种，互相懂对方、疼对方，爱着对方，护着对方，不让对方受委屈，不让对方难过，给对方足够的安全感，这样的婚姻叫余生。

你给妻子三分爱，妻子还你七分情。女人一旦走进婚姻，成为你的妻子，她便是你生命中的最后一个观众，你的一生不管怎样度过，真正能陪你走到人生谢幕那一刻的不是别人，而是你的妻子。不管你位高位低，钱多钱少，好的妻子是你身边的守护神，是你身后的避风港。无论工作多忙、事情再多，一定要多留出时间陪陪她，不要忽视她为你所付出的一切，爱一旦拥有就要好好珍惜，不要等到失去时才感觉到她的美好。

不要在遇到难事时才想起父母

人生的旅程就像一张单程票，一旦启航就停不下来，作为一艘已启航多年的旧船，我们时而乘风破浪，时而随波逐流。每当风雨交加、波涛汹涌之时，我们往往会急切地寻找那个避风的港湾，那个能够给予我们温暖与力量的地方。然而，在这个寻找的过程中，我们是否意识到，那个最坚实的港湾，其实一直都在我们身后，那就是我们的父母。

但令人遗憾的是，我们常常在生活的顺境中忘记了他们的存在，如同航行在平静海面上的船只，忘记了海港的宁静与安详。我们忙于追求自己的梦想，忙于构建自己的世界，却忘了回头看看，那两双始终注视着我们的眼睛，以及那双无数次想要伸出却又默默收回的手。

有这样一通真实的对话：“喂，还在加班吗？今天老爸生日，给他打电话没有？”“好，我现在打给他，白天有点忙，忘记了。”这个看似很简单的问题，我们却常常把它忽略掉，我们总是在告诉自己，真的只是一时没有想起来。真的只是一时吗？这大概是一种“病”。说几句扎心的，“你会忘记自己喜欢的游戏公测发行的时间吗”“你会忘记自己喜欢的包包、化妆品的预售时间吗”，其实你连在追的电视剧今天晚上几点会更新都清清楚楚，但是我们却忘记了父母一年一度的生日。“一年一度”没能成为我们百般注重的理由，却成了因工作、学业忙碌而忘记的说辞。不知道从什么时候开始，我们习惯了在内心自我暗示，告诉自己只是一时疏忽了，来配合把这个谎话圆完，寻求一份心安。但是真的只是一时疏忽吗？真的能心安理得吗？这种想法只会愈发将我们推入一个“病入膏肓”的状态。不要拿借口为自己的过失买单，忘记父母生日只是一个很小的例子，其实真正可怕的不是你忘记了父母的生日，而是父母在你的心中，到底有多少分量。

我们习惯于在遇到难事时，才匆匆拨通那个熟悉的号码，向父母倾诉自己的苦楚与无助。那一刻，他们的声音如同天籁之音，瞬间抚平了我们的伤痛，给予了我们继续前行的勇气。就像有的人，只有在买房买车时才想起父母，只有在需要帮忙带孩子时才想起父母，这样的例子数不胜数、不胜枚举；在他们这里，父母几乎约等于保姆、提款机甚至清洁工。然而，就是这样的依赖，有时候还带着不耐烦，有时候还透着不舒服，让父母的心无处安放、脚无从安放。这是否也透露出一种悲哀？难道我们的爱，只有在需要时才被唤醒吗？孩子的生日，我们记得。但父母的生日，却每每忘记。与其说是因为种种原因忘记，不如说，是我们的内心没有强烈的一定要记住的意愿。我们总能在第一时间记住孩子的每一个成长瞬间，却往往忽略了父母也在悄然老去。这种遗忘，与其说是因为忙碌，不如说是内心深处那份对父母亲情的淡漠与忽视。我们总是在遇到挫折、困难时，才想起家的温暖，想起父母那两双充满力量的手。然而，这种“临时抱佛脚”式的依赖，不仅无法真正解决问题，反而会让父母为我们担忧，让亲情的天平失衡。

不，真正的爱，应该是细水长流，是日常生活中点点滴滴的关怀与陪伴。父母的爱，从不求回报，也从不张扬。它如同春雨般润物无声，滋养着我们的心田，让我们在成长的道路上茁壮成长。家是最温暖的港湾，父母是最坚实的后盾。无论我们走到哪里，无论我们遇到什么困难，他们都会无条件地支持我们、爱我们。而我们作为子女，是否也应该以同样的方式去回报这份爱呢？

我们不应该只在遇到难事时才想起父母，更应该在平时就给予他们足够的关注与陪伴。哪怕是一个简单的电话，一句温暖的问候，都能让他们感受到我们的爱与关怀。我们可以和他们分享生活中的点滴快乐，也可以倾听他们的烦恼与忧愁。在这样的交流中，我们不仅加深了对彼此的感情，也让父母感受到了被重视与被需要的幸福。或许我们无法改变父母老去的事实，但我们可以让他们的晚年生活更加充实与幸福。我们可以陪他们散步、旅行、看电影，甚至只是静静地坐在一起，享受那份难得的宁静与温馨。然而，就这么一点简单的陪伴，我们往往都难以做到，这其实是做儿女的一种不孝。

不要在遇到难事时才想起父母。他们是我们生命中最重要的人，是我们永远的依靠。我们的成长，是以离家越来越远、离父母越来越远为代价的，我们与父母之间的相处机会只会越来越少。所以，珍惜这些来之不易的机会，好好陪伴在父母身边，做一些力所能及的事情，聊聊以前的种种时光，让父母感受到你的温暖和关爱。“树欲静而风不止，子欲养而亲不待。”这句古训，道出了多少人的遗憾与悔恨。我们总以为还有时间，总以为还有机会去弥补对父母的亏欠，却忘了生命是如此的脆弱与短暂。因此，珍惜当下，及时行孝，是我们每个人都应该铭记在心的准则。不要等到父母老去，才后悔没有多陪陪他们；不要等到失去时，才懂得珍惜。

第三章

CHAPTER 3

观世界

只有观世界，才有世界观

莫让错过成为过错

人生如棋，落子无悔。在偌大的棋局中，我们所走的每一步都可能面临着许多选择，每一次的选择都是一次机遇，每一次的机遇都能成为改变命运的通途。但只要有选择的地方，就难免会有错过和遗憾，错过与过错往往就在一念之间。你错过了，别人才能遇见；别人错过了，你才能拥有。有时候，一个转身、一次迟疑，就可能让我们与梦想、与爱情、与生命中那些重要的人和事擦肩而过。许多事情总在经历后才懂得，一段情痛过了才懂得如何保护自己，一件事傻过了才懂得坚持与放弃。在得到与失去中，我们懂得了如何认识自己。有些人为了掩盖小错而酿成了大错，有些错是没有机会去改的，有些错是没有办法去弥补的，有些错是一次都不能去犯的。要知道，人生没有如果，只有结果和后果，别让一时的错过成为我们一辈子的过错。

回望过去，因错过酿成大错的比比皆是，错过往往导致无法挽回的过错。西楚霸王项羽在鸿门宴上的犹豫不决，错过了拿下刘邦的最佳时机；广东军阀陈济棠在两广事变中遭部下策反，错过了反蒋抗日的举兵机会；跨国公司易趣在广告投放上的屏蔽策略，错过了中国互联网发展的庞大市场；国际巨头诺基亚在手机研发方面的故步自封，错过了转型智能手机的绝佳机遇。对一颗卫星而言，如果错失了量身定做的发射窗口，就等于错过了翱翔太空的最佳时机，最终会直接导致计划任务的失败；对一个国家而言，如果错失了和平发展的战略契机，就等于错过了强国安邦的历史机遇，终究会付出落后挨打的沉痛代价。相反，把握住机遇、趁势而上实现梦想的例子也不计其数。门客毛遂在秦国伐赵之际，抓住机会自荐随平原君出使联楚，换来了国家安全的战术解围；科学家牛顿在苹果落地的瞬间，深入细致地观察思考，发现了万有引力定律；企业家马云在互联网兴起的时候，敏锐地察觉商机，成为中国互联网行业的领军人物。他们的经历告诉我们，机遇无处不在，关键在于我们是否有能力去发现并抓住它。

生命的旅途就好比一列奔驰的火车，窗外不断闪动着变幻不定的景色，错过窗外的美景其实并不是一件多么遗憾的大事，关键是我们不能错过青葱岁月，不能错过要到达的站点，不能错过本应拥有的美好。错过了一班车，可以再等来，但错过了一个人、错过了一段青春，这辈子就再难重逢，一次次的后知后觉，真的会让人难过一辈子。时间，就像是一位沉默的雕刻家，用它那无形的手，刻画着我们生命的形状。每一次的错过，都是它在我们身上的一次雕琢，让我们明白生命的意义，让我们学会珍惜每一个当下。终有一日，当你真正领悟了珍惜的可贵，或许会发现，某些宝贵之物已悄然远去，成为生命中不可触及的风景，那些无奈的错过，组成了我们无法遗忘的青春往事。分别的恋人、渐远的友人、逝去的亲人、冷淡的爱人，他们都曾是我们身边触手可及的幸福、我们生活中朝夕相处的全部，但终究敌不过岁月的无情，难免留下错过的失落和遗憾。我们很难知道前路有多长，也不一定清楚自己究竟要奔跑多久，但迈开大步向前进、拼尽全力去生活，就是对人生最好的馈赠。我们那么的努力，不是为了感动谁，也不是为了证明给谁看，或许只是因为不愿错过绽放的花朵、灿烂的流星，不愿与最好的自己失之交臂。要知道，世间哪有这么多完美的剧本、哪有这么多圆满的结局，我们都无可避免地在各自的故事中不断地错过，却也不停地相遇，若只是怀疑和等待，你将永远看不到未来，拼搏的人生才能更加精彩。

生活的路自己走，生活的苦自己扛，生活的痛自己忍。随着年龄的增长，人生之路变得愈发艰难。每个人的人生路口都面临艰难选择，每一次选择都让人茫然不安，一次次追求、一次次上路、一次次错过、一次次跌倒，心中早已落满创伤。人生这部大戏，一旦拉开序幕，不管你如何怯场，都得演到戏的结尾。戏中我们爱犯的一个错误，就是总把希望寄予明天，却常常错过了今天。过去不会重来，未来无法预知，我们唯一可做的就是不要让今天成为明天的遗憾，人生没有预演，我们迈出的每一步都应弥足珍贵，步履芬芳。

有人曾经说过，过错是短暂的悔恨，错过是永恒的遗憾。正如哲学家托尔斯泰所说："正确的结果，是从大量错误中得出来的，没有大量错误做台阶，也就登不上最后正确结果的高峰。”要知道，错误是正确的先导，知错能改才是最重要的。反观当代的一些青年男女，他们有的因为一时的愤怒而离家出走，有的因为一时的冲动而误入歧途，还有的因感情问题而自暴自弃。他们其实都没有真正认识到自己的错误，而是选择了逃避，甚至用极端的方式来逃避。我们不能让恐惧和犹豫成为阻碍自己的绊脚石，不能让错过和遗憾成为人生旅途的主旋律；不要因为一些我们错过的事情而耿耿于怀，也不要因为我们犯下的过错而变得郁郁寡欢。

莫让错过成为过错是一种生活态度，更是一种人生智慧。它教会我们在面对选择时既要深思熟虑，又要勇敢果断；在面对挑战时既要克服恐惧，又要珍惜当下。遗憾只是过去的影子，勇敢才是未来的翅膀。我们应该珍惜当下的每一刻，用心去感受生活的美好；应该勇敢地去追逐自己的幸福，不畏惧失败和挫折。只有这样，我们才能真正做到勇敢地追求梦想，即使失败也不枉此生。

权力到手，人就开始与自己决斗

古人云：“欲思其利，必虑其害，欲思其成，必虑其败。”权力，自古以来就充斥着一种神秘和诱惑，它无处不在，既能开辟繁华盛世，又能导致民不聊生，它是社会秩序的维系者，也是欲望膨胀的催化剂。权力行使得当，可以让人凝心聚力，为民谋福祉，开万世之太平；如果权力行使不当，则可能腐败横行，乱象丛生，动摇国之根本。在权力无所不能的地方，法律是永远找不到底线的。

从拥有权力的那一刻起，我们就站上了人生的擂台，这不是与他人的斗争，而是与自己内心贪念展开的一场无声决斗。这场决斗既没有观众，也没有裁判，只有对人性弱点的挑战和审视；这场决斗既没有暂停，也没有终点，只有克服诱惑的考验和过程；这场决斗不是一时的冲动，而是我们一生的修炼。它要求我们在权力的使用上时刻审视自己的行为，克制自己的欲望，始终保持谦逊，珍惜每一份赋予我们的权力。只有这样，我们才能避免走向自我毁灭的泥潭，才能用权力造福他人，实现自我价值的升华。拥有权力的人要懂得平衡权力与责任，他们知道权力不是用来享受挥霍的工具，而是用来服务人民、造福社会的手段，他们懂得倾听民意，用公正和法治来捍卫自由。在复杂的形势面前，他们的信念就不会动摇；在腐朽的文化面前，他们的思想就不会蜕变；在诱惑的考验面前，他们的行为就不会失范。金钱不是掌权的价值坐标，名利不是做人的最高标尺。要知道，搞一次特殊就会降低一分威信，破一次规矩就会留下一个污点，谋一次私利就会失去一片人心。懂得自爱的人，就像雪山一样，即使在黑夜，也是白的；勇于自省的人，脸丑不怨镜子差；善于自控的人，即使雄鸡不打鸣，也能迎来黎明的曙光。

权力到手，人就要学会与自己决斗。这场决斗，无声无息，无影无踪，无处不在。拥有权力，人便仿佛置身于一个没有硝烟的战场。这场战争，对手不是别人，正是你自己内心深处的欲望。越是不起眼的细节，绊翻你的可能性就越大。心存侥幸，不如心存戒惧。当权力成为一种负担时，你就稳如泰山；当权力成为一种乐趣时，你会摇摇欲坠，如临深渊。有些人赢在了起跑线，最终输在了终点。要知道，拥有权力的人应该明白自己的使命和担当，懂得用权力去实现社会的公平正义。可惜的是，在权力的诱惑下，有的人失去了初心，忘记了自己的责任和义务，他们沉溺在权力带来的快感中迷失自我，最终成为人民的罪人。

权力本来是人们心生向往的，在权力的诱惑面前，有的人往往会陶醉于那种高高在上、自以为是、呼风唤雨的感觉，感觉权力就是一种私产，仿佛整个局面都在自己的掌控之中。这个时候，人性脆弱的一面便会暴露无遗，丑恶就会乘虚而入、无所不为。权力会将善良变成邪恶，将良心变成狼心。在权力的光环下，人性的贪婪、恐惧和虚荣被无限地放大，人就开始渴望更大的权力，渴望更高的地位，渴望能够一手遮天。然而，这种渴望却如同一把双刃剑，既能刺伤别人，也能割伤自己；它是一把魔法武器，给予人无限动力的同时，也需要付出沉重的代价。我们必须懂得：权力为民则利，为己则害。权力不是用来欣赏的，也不是用来炫耀的，由人民赋予的权力必须为人民谋取利益，必须与人民站在一起，而不是凌驾于他人之上。个人面子再大，大不过党性原则；私人感情再铁，铁不过规章制度；所谓后台再硬，硬不过党纪国法。公正用权，必须树立权力就是服务的理念，忧群众之所虑，急群众之所难，谋群众之所求。如果权力没有为群众谋福利，而是用来为个人谋私利，不是用来担重任，而是用来保位子，人民就有权收回你的权力。多一份敬畏，就多一份安全；多一点克制，就多一些踏实；多一些自律，就多一道防线。

公仆是为人民服务的岗位，权力是为人民服务的工具，在用权上要有如履薄冰、如临深渊的慎重态度，手中握有的权力越大，我们的头脑越要清醒，用权时越要谨慎。不受制约的权力，必然会跌入低谷。我们要把党的政策看成生命线，把国家的法律看成高压线，把组织的纪律看成警戒线，努力做干事创业、廉洁自律的模范。始终坚持思想干净，不动非分之想；双手干净，不捞不义之财；嘴巴干净，不吃莫名之餐；双脚干净，不涉雷池之地。始终做到在大是大非上坚持原则，在小节问题上注意影响，在敏感问题上把握政策，稳得住心神，干得出业绩。不以“别人不知道”放纵自己，不以“小事无所谓”为自己开脱，不以“第一次不要紧”原谅自己，做到人之常情能自控、无人监督能自律、生活享受能自约，确保政治上不迷航、思想上不困惑、行为上不越轨。必须心中自存一杆秤，常修为政之德；头上自悬一把剑，常念法纪之威；耳边自挂一个钟，常思贪欲之害；脑中自画一条线，常怀律己之心。唯有如此，我们才不会让从政生涯的篇章，到处都是污点。

然而，在这场与己之战中，并非只有消极的一面。用权也是一种自我超越的过程，一种对个人意志品格的考验。智者能够在权力面前始终保持坚定的信念和清醒的头脑。他们不会为权力所迷惑，而是将权力作为实现理想的工具。他们用自己的智慧和勇气带领人民走向光明的未来，始终坚守那份初心。在他们的心里，党的利益至高无上，国家的利益至高无上，人民的利益至高无上。

中华民族是一个历史悠久的民族，创造了璀璨的文化，深厚的文明底蕴孕育了一代又一代仁人志士，他们在权力的考验中坚守着理想和信念。他们知道：权力是人民赋予的，江山亦是人民，人民亦是江山。正因为懂得了这些，他们用自己的言行诠释着权力的真正价值。他们虽然身处高位，却从不居功自傲；他们虽然行使着权力，给人民带来了福祉，却从不忘记自己的初心和使命。

在我们这个时代里，也有许多这样的公仆。他们用自己的清醒诠释着权力的真正含义。他们有的是医生、教师，有的是科学家、艺术家。他们用自己的知识和才华，为社会做出了应有的贡献；他们用自己的善良和爱心，温暖了无数人的心灵；他们用自己的行为和举止，闪耀着尽善尽美的人性光辉。

在这个喧嚣的世界里，我们需要不断地自我反省和自我提升，我们需要时刻警惕那些来自内心深处的诱惑和陷阱，我们需要时刻坚守自己的本真和善良，我们需要时刻铭记自己的初心和使命。只有这样，我们才能在复杂的考验面前耐得住寂寞、顶得住诱惑，在为民服务的舞台上展现自己的魅力和风采。

由此可见，人与权力是一场永无止境的决斗，没有任何退让的空间，必须镇定自如、坚定执着。能打败你的除了贪欲、放纵，还有自以为是的自我膨胀；能考验你的不仅有坚守和镇定，更有虚怀若谷的坦荡和自律。因此，在这场决斗中，只有战胜自我，才能让党和人民赋予的权力真正用之于民、造福于民。

世上所有的坚持，都是出于热爱

我以为，世界上没有什么可以取代坚持。才华不行，那些才华横溢却不成功的例子数不胜数；天赋也不行，没有人聪明到不费吹灰之力就能成功；教育依然不行，这个世界到处都是教育失败的产物。唯有坚持，你才可以无所不能。

能够到达金字塔顶端的只有两种动物：一是雄鹰，靠天赋和翅膀飞上去；二是蜗牛，靠耐力爬上去。不过在常人眼里，蜗牛的成就似乎会更加让人敬佩。每次坚持都是成功的积累，别用自己的时间去见证别人的成功。

生活中，我们要学会坚持。做一件事情，你坚持了三天，那是心血来潮；你坚持了三个月，那是刚刚上场；你坚持了一年以上，那才算得上是事业的开始。成功的结果人人想要，成功的路人人想走，但不是人人都能坚持走完。人生路上，难能可贵的是坚持到底，令人惋惜的是半途而废，半途而废永远只能在岸边徘徊不前。最终的胜利，往往就在再坚持一下的努力之中。只要你不退缩，希望的曙光，终究会为你升起。

我觉得坚持有三种境界：第一种是在外力刺激或诱惑驱动下的坚持，第二种是在无比顽强的毅力支撑下的坚持，第三种是与生俱来发自内心的那份热爱。无论是哪一种，只要我们能真正地领悟择一事、终一生的匠人精神，将会把不可能变为可能。

在我看来，世界上所有的坚持，都是出于热爱。做一件事并不难，难的在于坚持；坚持一下也不难，难的是坚持到底。

坚持有时候是一个痛苦的过程，尤其是在我们还看不到实际成效的阶段。在坚持的过程中，我们可能会遇到挫折，遭受身体和内心的双重煎熬，会遭受到他人的质疑和白眼，甚至会怀疑自己当初的选择。不可否认，不是每个人都能够坚持到终点，很多人就倒在最后一公里上。黎明前往往是最黑暗的时候，咬紧牙关，想想已经走过的路，奋力攀过最后一座大山，希望之光终会在天空闪耀。

每个人都有潜能。当你坚持不住的时候，想想这一句话：人都是被逼出来的。想想关心自己的人，想想自己已经付出的努力，想想自己放弃之后要承担的更加难过的后果，想想坚持下来后美好的一切，想想你最想得到的东西，想想你当初为什么要开始。成功没有什么秘诀，要说有的话，就只有两点：第一点是坚持到底，永不放弃；第二点是当你想放弃时，请回头来对照着第一点秘诀去做。

航天员景海鹏，大家都非常熟悉。作为中国飞天次数最多、时间最久、里程最远的航天员，他说过这样一句话：说句心里话，我非常热爱、非常喜欢，甚至非常享受我的工作。从入选中国首批航天员后到首次飞天的10年间，景海鹏从来没有在晚上12点之前睡过觉，也没有耽误过一天训练。坚持，坚持，再坚持。他说，没有捷径，坚持是我唯一的选择。14年间，景海鹏四度飞天，这在中国航天员中尚属首次，在中国航天史上留下了浓墨重彩的一笔。

一家杂志社做过一次调查问卷：你一直坚持热爱的事情是什么？坚持了多久？结果，得出一个结论：一万小时定律。说的是不管你做什么事情，只要坚持一万小时，基本上都可以成为该领域的专家。在这个喜欢休闲和旅游的时代，喝下这碗心灵鸡汤，劝劝自己，为热爱的事情花上一万小时吧。不管是工作、生活还是个人兴趣，总有一款适合你。坚持以后的收获，除了当初希望得到的权力、物质乃至名誉以外，那些附加的光环，也似乎会变得唾手可得。

热爱一件事情，如果做到极致，或许会有不一样的天地。当我们把自己热爱的事情，做到了连自己都感动不已的时候，那么所带来的，除了享受，还有非同凡响的影响力。

如果你热爱一件事情，就抛开一切，没有任何杂念，一门心思，把这件事情做到日臻完美、无法挑剔。那么，当坚持到这个程度的时候，你就会把我们的热爱真切地做到极致，你所需要的，都会在无心插柳中不期而至。正是由于多年的苦心积累、用心耕耘，才造就了今日的看似毫不费力。

排队的时候你会发现一个规律，另一排总是动得比较快；当你换到另一排时，你会发现你原来站的那一排又开始动得比较快了；你站得越久，越有可能感觉自己是站错了排。这就是神奇的墨菲定律。所以，不让自己后悔的最好办法，就是坚持。坚持自己的人生梦想而不去张望别人并受其影响，不必这山望着那山高，坚持自己当下的选择，不犹豫、不浮躁，不忘初心，保持定力。

生活充满戏剧性。有时候，当你坚持了自己最不想干的事情之后，往往会得到意想不到的东西，相比你的初心与初愿，这些收获显得更为珍贵。坚持不住的人，最终只好被逼出局。记住，只要努力，就会有不一样的天地；唯有坚持，才能看到你想要的奇迹。彩虹总在风雨后。古往今来，有多少人怀着远大的抱负，刻苦努力，却因缺少坚持而与成功失之交臂。

来到这个世上，命运注定了我们必须要努力、要奋斗、要坚持，要勇敢地走下去，走出属于自己的路，没有人能不劳而获。

今天很残酷，明天很残酷，后天很美好，但是绝大多数人都死在明天晚上，见不到后天的太阳。的确，在奋斗的路上，我们需要不断地坚持。虽然说有时坚持会让人感到茫然，因为我们不知道这条路的长度，路途的另一头是什么，那边甚至有可能是一条漆黑的路，看不见出口，看不到希望。这时，我们需要学会给自己灌输正能量，鼓励自己，坚定信念，坚持一下，再坚持一下，或许就会看到出口的阳光。

成功的道路并不拥挤，因为坚持的人太少；有些事情，我们不是看到希望才坚持，而是坚持了才有希望。如果你想要有一番作为，必须选择一条适合自己性格的跑道，即那条终生可以为之奋斗的跑道。所有成功背后都是痛苦的坚持，所有的坚持都是傻瓜般的不放弃，只有经历最痛苦的坚持，才配得上最长久的拥有。

人生不是一次短暂爆发的短跑赛，而是一场比拼耐力的马拉松。短暂的冲刺也许能成就一场短跑赛，但完美收官一次马拉松，需要的一定是恒久的坚持。在日复一日中坚持进取，时间一定会给你想要的报答。

趁年轻，
别把愿望等成了遗憾

当有人问起，你觉得离变老还有多远？那些鲜嫩的面孔总是答道：应该挺远的吧？我的青春韶华才刚刚开始，变老对我来说还很遥远。是啊，人生还那么长，还有很多路要走，还有很多人没有遇到。于是，我们一边蹉跎着光阴，一边等着迷雾散开，一边等着自己成功的那一天。等着等着就发现，细纹爬上了眼角，白发隐现在两鬓。想起不知不觉逝去的青春，才知道掬一把老泪，哀叹自己年轻时错过了多少。然而现在后悔，又有什么用呢？

年轻的时候，我们都在挥霍，都在不屑一顾地疯狂，却总是憧憬着美好，活在自己的世界里。可到了今天，当我们回首那些曾经浪费的光阴，才想起还有很多事情没有做，还有很多梦想没有去完成，才发现今天越来越珍贵，属于自己的时间越来越少了。

我们很多中年人都会说，等我老了以后去哪里玩，我要做什么事，我要满足人生最大的理想，等等。总是把人生最美好的愿望，都寄托在等老了以后。很多人还以为，等老了以后，还能像年轻人一样，想干什么就干什么。我可以告诉你，当你老了的时候，你也许听不清楚面前的人说的是什么，看不清楚火车票上的座位号，你也许走路时需要拄着拐棍，你也许躺在病床上，需要别人照顾，需要别人给你洗脸喂饭、端屎倒尿，这就是老了的生活。

你有没有想过，当你老了的时候，你究竟能做什么？还有很多人，没有等到自己老去的那一天。昨天还见到他谈笑风生，今天已经不在人世了，再也不会给你发微信，你也永远等不到他的回复。不要说你老了以后要怎么样，你应该在没有老去的时候，赶紧做自己想做的事情，不要给自己留下太多的遗憾。

很多人说过，年轻是一种资本。但很少人会提醒你，资本是会被消耗殆尽的。小时候，我们渴望大人的世界；成年后，我们哀叹早逝的青春。那时总以为会有无数个明天，懒惰地想着，明天应该还来得及吧，明天再说吧。“明天”两个字一出口，总是备感安慰，今天就可以继续自己及时行乐的信条。美好的愿望，应该是年轻人奋斗的动力，而不是无所作为的借口。珍惜时光吧！青春时代你可以享受浪漫，可以挥霍时光。但是，当你到了一定年龄的时候、到了要对自己和家人负责任的时候，请问问自己：我的青春年华是怎样度过的？我的青春年华有没有价值？我的青春年华有没有留下遗憾？别给自己后悔的机会，这是人生最美的祝福。正如保尔·柯察金所说：人最宝贵的就是生命，生命对于每个人来说只有一次。所以，趁着你还年轻的时候，赶紧给自己制订一个切实可行的计划吧，为梦想而开始，你的人生就会有不一样的精彩。当回首往事，你就不会因为虚度年华而悔恨，也不会因为碌碌无为而羞愧。

人虽然不可能青春永驻，但无论什么年纪，都应该保持那份积极向上的进取心，这样，心中的梦想才会永不凋零，青春的花儿才会尽情绽放。今天的肺腑之言，我最大的愿望，是让你们能懂得青春是多么美好；最大的希望，是你们能珍惜青春这最美好的年华。珍惜时光吧，不要让自己在年老体衰的时候，再去叹息万事成蹉跎。朋友们，不用努力可以得到的东西只有一样，那就是年龄。趁年轻，别把愿望等成了遗憾。

不折腾，你就永远只是在做梦

人生其实是一个不断折腾的过程。有的人为生活折腾，为梦想折腾，为自己而折腾；也有的人为别人折腾，为事业折腾，为社会而折腾。我以为，成功是折腾出来的，失败也是折腾出来的，人生的坎坷是一种折腾，顺境也是一种折腾，就看你选择如何去折腾。

有思想的人，敢于为自己的理想和目标去折腾；迷茫的人，不知道为什么折腾和该如何去折腾；懦弱的人，怜悯别人折腾，自己却不敢去折腾。我认为，若要到达远方，那就去折腾。想想，你还有很多未完成的梦想，还有什么理由停下脚步，不去折腾？年轻时不折腾，拿什么做回忆？

别觉得自己活得苦、活得累、活得委屈。其实每个人活得都不容易，只不过别人的难处、别人的辛苦，你没有看到罢了。累就对了，舒服是留给庸人的，苦才是人生，累才是工作，干才会拥有。不折腾一下，怎么知道不行；折腾了，才知道自己真的能行。艰辛算什么，因为我们还活着。要敢于背上重负，敢于背上超出自己预料的包袱，拼搏之后，你会发现自己比想象中更强大。

有多少人从小就想干一番事业，却一辈子都不愿意去折腾，这种人的失败不是败在能力上，而是败在“等”字上，等时机，等市场，等一切都准备好。刘邦不折腾就是个小吏，陈胜、吴广不折腾就是两个农夫，成吉思汗不折腾就是个放羊娃，马云不折腾就是个教书匠。

有的人喜欢说，等你成功了，我就跟你干。你可知道，我成功了，你和我之间的距离已经很遥远了。雪中送炭的时候你只在看，抱团取暖的时候你却在躲，同舟共济的时候你不出力，锦上添花的时候我不缺人。

世界上有两样东西不能嘲笑：一是出身；二是折

腾。什么样的出身不重要，重要的是将来成为什么样的人。敢于折腾不可怕，将来后悔才可怕。起点低不重要，重要的是未来的终点在哪里。悲哀的人，拿自己的时间见证别人的梦想成真；可怜的人，自己不去折腾，还在嘲笑别人为梦想而折腾。活着最大的失败，不是跌倒，而是从来不敢为梦想而折腾。

你想折腾吗？你愿意去折腾吗？只要你肯折腾，谁都有可能成为了不起的人物，因为人生不会设限，成功没有边界。虽然不是每个人折腾了都能成为自己想要的样子，但至少可以努力成为自己想要的样子。只要你踏出第一步，你就会体会到不一样的自己。要在有限的时光中活出自己的精彩，因为生命中你只有一次上场的机会。工作上折腾，就是对梦想的尊重，尊重梦想，就要在折腾中磨砺，在磨砺中前行。

人生犹如一本厚重的书，扉页是我们的梦想，目录是我们的脚印，内容是我们的精彩，后记是我们的回望。不要惧怕路长，也不要害怕孤单，一个人的行程，难免会有很多困难和无奈。不要悲观，也不要绝望，只要不停地折腾，脚下的那些坎坷，就可能成为转角处的垫脚石，正好抬高你身体的高度。

有一种折腾叫我愿意，有一种摔打叫我能行，那是因为梦想的动力。不折腾，你永远都是在做梦；不摔打，你永远也长不大。只有敢于去折腾，才有可能把梦想变成美好的现实。在更多的时候，我们不是缺方法，缺的是一往无前的决心和魄力。当你意识到生命有多宝贵的时候，你就会特别珍惜。但珍惜生命最好的方法，并不是一天到晚学养生，而是为了梦想去折腾自己，把自己的生命如火如荼地燃烧透，在折腾中进步，在折腾中成长，在折腾中实现自己的梦想。

不敢去折腾，就是才华配不上梦想。大事干不了，小事不肯干，不想做手边的小事，只想做天边的大事。但你必须知道，小事不肯干，大事也轮不到你，趁你跌倒还能站起来的时候，请使出你吃奶的劲用力去折腾。

折腾是一种奋发有为的境界，沿着社会的主流方向涌动。敢折腾不一定能成功，但不折腾、不进取你永远不会成功。最大的困扰不是前进路上的折腾，而是后退路上的诱惑。有的人，因循守旧、抱残守缺、按部就班，不想折腾，那是因为他们惧怕挑战、害怕压力。有的人，自己不折腾，还担心别人折腾，认为折腾徒劳无益、得不偿失。其实，折腾可以改变命运。有的人本身是穷人，经过一番折腾才变成了富人。他如果不折腾，一辈子还是穷人，即使折腾错了，大不了还是落个穷。

折腾是一种内心力量的爆发。人要经得起折腾，要愿意去折腾，只有敢于折腾的人，才能超凡脱俗、出人头地。折腾的人，是最有创新意识的人，他们是站在时代前列的排头兵、是时代的弄潮儿。运动员在运动场上折腾来折腾去，天天苦练，天天折腾，奥运会的金牌饱含着他们折腾的心血。他们不仅是在为自己的梦想，更是在为国家的荣誉折腾。他们在困难与挑战中不断燃烧自己的激情，在工作中尽情体验事业所蕴含的温度与高度，在折腾中不断进取，在折腾中实现自己的目标。

你该不该折腾？你为什么不折腾？你还在等什么？当你越来越靓丽时，自然有人关注你；当你越来越有能力时，自然会有人看得起你。折腾自己，你才有自信，梦想才会慢慢实现。再不折腾，就有负生命给你上场的机会。不要等错过了才悔恨，不要等老了才怀念。

在步入康庄大道之前，总要走过一段崎岖艰辛的道路；在变得熠熠生辉之前，总须经历一段黯淡无光的日子。只要坚信前途的光明，一时的烦恼又算得了什么？再烦，也别忘记梦想；再苦，也别忘记微笑；再累，也别忘记坚持；再难，也不要惧怕折腾。因为梦想还在，就没有永远的失败。折腾靠自己，不成功只是暂时的。不管被命运赏识，还是被宿命淹没，当梦想还在，就要坚定地去追逐，顽强地去折腾。

做最好的自己，成为你梦想中的那个你。每一滴汗水和泪水，每一丛荆棘和羁绊，每一次失败和挫折，都会让追梦的道路充满艰辛。在经历过无数次的折腾后，你才会发现，其实生活的真谛就在这里。不要等夕阳西下时才对自己说“想当初……如果……要是……”之类的话。

生命的精彩从来不是以什么结局论好坏，不是所有的折腾，都会有一个让你满意的结果，但每一个折腾的过程，都会让你变得与众不同。不为别人，只为做一个连自己都羡慕的人。去折腾吧！再不折腾，你就老了！

不后悔曾经当过兵

在人生的长河中，有一段难忘的时光，那就是我的军旅生涯，它如同一颗璀璨的星辰，照亮了我前行的方向。这是一段融合汗水与梦想的征途，这是一段充满挑战与荣耀的旅程，这是一次历经风霜、铸就辉煌的抉择。虽然我已脱下这身曾经让我骄傲、让我自豪的军装，每次想起那些过往的场景，都会让我为之动容。35年的军旅生活，换来的是一辈子的回忆。最让我难忘的，是班长突如其来的严厉，是被集体惩罚时的痛苦，是三更半夜深睡中的惊醒。在这里，你会体验到什么叫令行禁止、雷厉风行；在这里，你会知道什么叫同甘共苦、携手共进；在这里，你可以尽情地挥洒汗水、挑战自己的极限。

曾经有人问我，当兵后不后悔？我坚定地回答说，穿上军装后，从来不后悔。从情窦初开的少年到两鬓斑白的老兵，脱下军装，不变的是我心中永远的记忆；嘹亮歌声，不息的是我心中永恒的旋律。从军之路，我见证了社会的发展与变迁，见证了岁月的冲刷与洗礼，也见证了自己的成长与收获。

有人问我，你一生最眷恋的地方在哪里？我会不假思索地告诉他，是火热的军营。如果有人问我，你这辈子最崇拜的人是谁？我会坚定地告诉他，是中国军人。如果还有人问我，你为什么敬仰这些当兵的？我会自豪地说，因为我也当过兵。峥嵘岁月，确实带给我们太多的改变，它让我们懂得了什么叫无私无畏，什么叫勇往直前，什么叫矢志不渝。当过兵，你才有朝夕相伴的心心相通；当过兵，你才有肝胆相照的生死与共；当过兵，你才有铁骨铮铮的同仇敌忾。

我后悔过很多事，唯独不悔当过兵；我淡忘过很多人，唯独难忘战友情。那激情燃烧的岁月，那火热军营的生活，那歌声嘹亮的旋律，那整齐划一的步伐，那一张张青春洋溢的笑脸，那一幕幕催人奋进的场景，无不让人流连忘返。如果还能重新选择，如果还能重返年轻，我依然会心系国防、披挂出征。军人的烙印影响了我的一生，军营的生活让我无怨无悔，军装的威武让我骄傲、让我自豪。

当你置身在祖国的大好河山，见证着国家的蒸蒸日上时，你想过没有，是谁在黑暗里点亮希望之光？是谁在无声处守护着万家灯火？是谁在背后默默地负重前行？我会自豪地说，是当之无愧的军人。当山川大地剧烈震动，当烈火山洪威胁生命，当恐怖分子举起屠刀，当敌对势力发动战争，此时此刻，我们首先想到的是身着迷彩的战士，想到的是舍身报国的军人。因为军人总是把生的希望让给别人，把死的威胁留给自己；军人总是把人民高高举起，总是在死亡之路上勇敢逆行。一辈子也忘不了，北国巡逻风餐露宿，南疆拉练风雨兼程，高原突击爬冰卧雪，走向深蓝放飞雄鹰；在长江大堤与洪水叫板，在汶川灾区与地震抗衡，在索马里海域与强盗过招，在湖北武汉与病魔碰硬……这一场场、一幕幕，深深地镌刻在亿万人民的心中。

不后悔曾经当过兵。当熟悉的军歌响起的时候，泪光总是在我眼中闪烁，我的热血澎湃成滔滔江河；当熟悉的军号吹响的那一刻，无论是在天涯海角，我依然听从召唤；当军旗飘扬的那一刻，我是那出膛的子弹，呼啸着守护祖国的山河。

不后悔曾经当过兵。即使脱下戎装，也不会撤离；即使摘掉帽徽，也不会放弃。也许祖国不再需要你重返战斗，但祖国仍然需要你的忠诚；也许人民不再指望你去站岗，但仍然需要你站在他们当中。曾经当过兵，今生今世都是最可爱的人；曾经当过兵，从此有了祖国的胸襟；曾经当过兵，只要祖国召唤，哪怕流血牺牲，也要守护好我们共同的家园。

每当想起这段难忘的岁月，我心潮起伏，感慨万千，仿佛一下子又回到了那令人难忘的岁月。经历过同一战壕的磨砺，经历过同死神的较量，回想那段不凡的历程，我深深地感到，生死之交的是战友，本色不褪的是军装，终身不悔的是军营，永远不变的是军魂。

军旅生涯，我收获了无数的荣誉，荣立过一等功，获评中国武警“十大忠诚卫士”和“全军十大学习成才标兵”，但更深刻的是，我收获了对生活的理解和对国家的忠诚。我始终明白，军人的荣誉不仅仅在于勋章和证书，更在于那份对祖国和人民的深深热爱。当过兵，就会一生引以为荣，就会永远意志坚定。没有什么可以让我们屈服，艰难险阻铸就了忠肝赤胆；没有什么可以使我们迷茫，军旅岁月赠予了钢铁信念。终生不悔曾经当过兵，终生难忘曾经在军营。

回望历史，南昌起义打响第一枪，人民军队诞生在腥风血雨中，用星星之火点燃了希望之光，用铁骨铮铮撑起了民族脊梁，用生命和热血换来了今天的繁荣富强。我们要倍加珍惜，是千万烈士的身躯，铺就了从南昌到北京的红色路程；是百万将士的赤胆，守护着从站起来到强起来的盛世太平。

不后悔曾经当过兵。我深深地感谢这段旅程，感谢曾经相处的战友，感谢培养哺育我的各级领导，让我明白生命的价值在于奉献，荣耀的背后是无尽的责任和担当。我将带着这份荣誉和责任，为祖国的繁荣昌盛贡献自己的力量，让军旅之魂永远在心中燃烧。跨入新时代、迈向新征程，祝愿人民军队所向披靡、战无不胜，祝愿中华民族国泰民安、早日实现伟大复兴。

拿掉大脑中所有的限制，创造下一个奇迹的就是你

梦想离我们的距离，有时比我们想象中的更近。向着梦想前行，从哪里开始不重要，清楚前进的方向在哪里才重要；一时的挫折不重要，路怎么走才重要；别人不相信不重要，自己相信才重要。梦想在哪里，未来就在哪里。

有人曾说："当我骑自行车时，别人说路途太远，根本不可能到达目的地，我没有理，半道上我换乘小轿车。当开小轿车时，别人说再往前开就是悬崖峭壁，没路了，我没有理会，继续往前开，开到悬崖峭壁，我换乘了飞机，结果我去了自己任何想去的地方。"这番话

很值得我们深思。别人认为做不到的事情，他做到了。不要让梦想毁在别人的嘴里，因为别人不会为你的梦想负责。相信自己，奇迹只会发生在相信奇迹的人身上。这个世界上有太多的奇迹，当我们知道，耳朵听不见的人可以写出交响乐，双目失明的人可以在奥运会上成为跳高冠军，没有手的人可以用脚弹钢琴，没有腿的人偏偏能够登上珠穆朗玛峰。说到这里，你还会觉得曾经的梦想很夸张吗？不，一切皆有可能。

在这个世界上，有许多长得比你丑、学历比你低，比你笨、比你矮，许多方面比你还糟糕的人，为什么他们要围绕当初那个曾被认为最遥不可及的梦想，不懈地努力，忘我地打拼？因为他们心中只有一个信念，忠于梦想，敢于追求。没有退路，也就找到了出路，因为极度的渴望，所以义无反顾；因为从不找任何借口，所以迎难而上；因为拿掉了大脑中所有的限制，所以所向无敌。我没有学历，我没有人脉，我没有钱，我没有一技之长，我没有靠山，那又能怎么样呢？那又算得了什么呢？如果你要让这些继续限制你的双手，限制你的大脑，限制你这一辈子，你还能追求梦想、创造奇迹吗？

你有梦想吗？你的梦想还在吗？你为什么犹豫？你为什么不相信？你为什么一直等待？因为你不自信，因为你安于现状，因为你没有做梦的能力，所以你很难成就自己。有人说，我的梦想是好好学习，考上大学，再找到一份安定的工作，买车买房，过上幸福的生活。不错，如果你现在一无所有，这也是梦想。汽车和房子是生活的需求，但是，如果让这些成为你人生的追求，未免有点太肤浅了吧？也有人说，我的梦想是让自己的父母和身边的人过上好日子。还有一个人，他在年轻的时候说过这样一句话："我活着就是要改变世界。"有人问他："你为什么要改变世界？"他说："难道还有其他原因吗？"这个人就是大名鼎鼎的乔布斯。

人生最精彩的，往往不是实现梦想的瞬间，而是追求梦想的过程。在追梦的道路上，有六个字常常阻碍我们追求梦想，阻碍我们创造奇迹。前面三个字叫"不知道"，后面三个字叫"不相信"。如果你只是不知道，那说明你还是有救的，只要你通过学习去改变，不知道的都可以学会；如果你是不相信，那么你就会尝到不相信的苦果。

人类因梦想而伟大。你知道自己的梦想吗？你想成为超级业务员？想成为行业中的冠军？想成为亿万富翁？想环游世界？想拥有上市公司？没有不想要的吧。总而言之，你必须让自己拥有做梦的能力，绝对不要让别人偷走你的梦想。要想创造奇迹，就要和创造奇迹的人在一起，脱胎换骨、改头换面，成为一个不找任何借口的人，成为一个为了梦想而不断学习的人，成为一个能超越自己极限的人。只有这样，你才可以创造自己想要的奇迹。

这个世界上，真正的伟人和领袖级人物，在年轻的时候，他们的想法和梦想，与同龄人肯定不一样。梦想的不同，决定了未来的结果也不同。实现梦想是需要条件的，第一个条件叫“不怕输”。困难就是用来战胜的，挫折就是用来挑战的，把失败打败，把不可能变成可能，你就能梦想成真。实现梦想的第二个条件，叫作“不抱怨”，不找任何借口。当你真心想做一件事情时，再大的困难，你都可以克服；当你不想做一件事时，再小的阻碍也会成为理由。不管碰到什么样的石头，我们都不能让它成为人生的绊脚石，即使遇到石头跌倒了，也要勇敢地爬起来，踩上去，让它成为人生的垫脚石。实现梦想的第三个条件，就是“拿掉大脑中所有的限制”。你可能经常会听到，你学习成绩不好你就完了，你的家庭环境不好你就完了，领导对你的印象不好你就没前途了，你没有人脉你就没有希望了，这都是别人强加在你大脑里的杂念。请记住：别人不相信你的梦想能成功，那是因为他自己做不到，所以他认为你也做不到。如果你真的相信了，你也就没有希望了。所有的梦想，起初看起来都很遥远，但是成功者却偏偏把梦想变成了现实。所以，从今天开始，要记住，大脑中别人所讲的那些所有的不可能，都是你实现梦想的限制。谁说一个双耳失聪的人就写不出《命运交响曲》？贝多芬做到了。谁说一个没有双臂的人就不能弹奏钢琴？北京的刘伟用双脚弹奏了钢琴。谁说一个没有四肢的人就不能征服世界？澳大利亚的尼克·胡哲周游了世界。不去做，你就永远不会有收获；不相信，你就永远不会有结果；不可能，你就永远停留在现在。

成功都是被逼出来的，人的潜能是无限的，安于现状的你就会被逐渐淘汰。蜗牛不相信自己的缓慢，一步一个脚印向自己的目标爬行，终于到达了自己的目的地；水不相信自己的脆弱，日复一日，年复一年，一点一滴地撞击石块，终于造就了“水滴石穿”的奇迹。逼自己一把，突破自我，你将创造奇迹。也许你没有好的背景，但只要一步一个脚印，踏踏实实，每天努力一点点，奇迹就会发生。千万不要对自己说“不可能”“我不行”这样的话，只要你不服输，只要你不找任何借口，只要你拿掉大脑中所有的限制，创造下一个奇迹的，也许就是你。

为公司赚钱
就是给自己加薪

老板和员工到底是什么关系？职场上很多人不一定明白个中奥秘。有人认为，老板与员工之间是指挥与执行的关系；还有人说，员工和老板是对立的关系；我觉得，老板与员工之间应该是合作共赢的关系。没有员工，企业不能发展壮大；没有老板，员工就没有施展才能的舞台。

有的员工说，自己被雇用来是为老板创造价值，稍不小心就会被炒鱿鱼；有的老板说，自己投入高额成本培养人才，稍不留意他们就会跳槽到竞争对手的公司。有了这层隔阂，大家都觉得自己被对方利用了，因而不能坦诚相待，时常相互提防，最后成了对立面。如果你是这样的老板，就不是个成功的老板；如果你是这样的员工，也不是一个合格的员工。

老板和员工的最佳关系，应该是彼此信任、相互成就。要想理解“彼此信任、相互成就”，就应该搞清楚两个问题：一是什么样的员工，最受老板信任；二是什么样的老板，员工愿意追随。

那么，什么样的员工最受老板信任？能干事、会干事，这样的员工一定会受到老板的器重。一个员工最大的价值，不在于做多少业绩，而在于影响多少人做业绩。优秀的员工，他们不仅自己做得好，而且能够站在老板的角度思考问题，及时反馈，及时调整，把公司的利润最大化。

在战场上，指挥员让你进攻，你就要二话不说抄家伙往前冲，这是非常好的品质。但是公司和战场不一样，很多情况下，都是在处理复杂的事务，需要不断地调整目标。如果领导交给你的每件事，你都能事事有回音、件件有着落、样样出业绩，老板也自然会信任你、赏识你。

“你可以教我一下吗？”这句话看似非常简单，却是解决问题的最好方式之一。要虚心学习，及时向上司和专业的同事请教。很多业绩不好的员工，都有一个共同的毛病，那就是不思进取，任人摆布。长此以往，他们的业务能力不会提高，久而久之，逐渐被边缘化。老板没想到的，他想到了；老板想到的，他做到了，这样的员工才能获得老板的重用。

什么样的老板，员工愿意跟随？一个企业最大的成功，不在于能赚多少钱，而在于能帮助多少人赚到钱。一个老板最大的能力，不在于带领多少人，而在于能带出多少职场精英。人是企业发展最重要的资源，思想上的空虚，比物质上的空虚更可怕。给员工树立正确的人生观和价值观是企业实现利润和健康发展的根本，员工的使命感是企业发展的不竭动力。要把员工当人，尊重人性、满足人欲，才能获得员工的忠诚，老板只有把员工服务好，员工才会帮助老板成就商业王国。

什么样的老板，员工愿意跟随？在很多情况下，员工足够优秀，但老板不足以让他们信服。那么，员工最愿意跟随什么样的老板？

一是能够带领员工一起成长的老板，在满足员工需求的同时，老板也要灵活适当地给员工施压。让解决问题的人高升，让制造问题的人让位，让抱怨问题的人下课。大多数企业老板都是通过管理来给员工施加压力。这是个错误的做法，正确的做法一定是通过设定目标和时限来传导压力的，并且要掌握好这个尺度。要切实考虑员工的现实处境，全面考虑实际管理中遇到的问题。比如，员工流动速度过快，则可以使用年终奖、工龄奖来锁定；如果员工年龄比较大，在管理方法上无法改进，则通过设定目标来提高绩效；如果地域性的员工普遍乐于自己创业，可以整合成事业合作伙伴。让员工在享受工作带来的荣誉和收入的同时，也要承担相应的责任和委屈。如果老板真的爱你的员工，就考核他，要求他，逼迫他成长；如果你碍于情面，低目标、低要求，养了一群小绵羊，这是老板对员工前途最大的伤害。因为这只会助长他们的贪婪、无知和懒惰。

二是始终把员工的冷暖装在心里的老板。真正把员工放在心里的老板，不会整天给大家画大饼，而会跳出工作本身，去关心员工的生活状态，去体谅他们的情绪，尽可能满足他们的需求。作为老板，必须知道员工想要什么，了解员工为什么而工作，如何才会努力工作。老板必须给员工基础的保障，这个保障不一定是高薪酬，比如长期合约、好的福利，都会让员工感到工作有盼头，有了这些他们才能安心工作。如果老板只是把员工当工具，员工就会把老板当玩具。让员工因为你而成长，拥有正确的人生观、价值观，并具备良好的品行，就是老板对员工最大的关爱。

三是主动和员工谈钱的老板。打工就是为了赚钱，员工付出了很多，也创造了骄人的业绩。这个时候，老板就应该主动找员工谈钱，及时加薪，肯定员工的价值，这样，员工就会越干越想干，越干越有劲。正如一位优秀的企业家所说，钱给到位了，不是人才也变成了人才。一家好的公司，一个好的老板，从来不怕和员工谈钱，该给员工的钱，也从不吝啬。还有更加聪明的老板，他们不仅主动和员工谈钱，还会将各种福利，奖励给优秀员工，让他们觉得有奔头，心甘情愿地跟自己干。没有私心的人很少，员工和老板必然会存在利益冲突，但是有利益冲突的同时也会存在利益共同点。如果所有人都抓住这些共同点，就不再是相互利用的对立关系，而会形成互利共赢的合作关系。给优秀的员工匹配最优质的福利，这才是创建相互成就关系的前提。

另外，作为员工，你首先要明白你的薪水从哪里来，老板为什么给你付薪水。为什么老板会雇用员工？就因为你值得老板信赖，你的能力可以为企业创造价值。同时你更要明白，没有企业的快速发展和高额利润，员工不可能获取丰厚的薪水。只有公司赚了钱，员工才可能获得较好的回报。从这个角度来讲，为公司赚钱就是为自己加薪。

无论从事哪个行业，你都必须用良好的业绩证明你是公司优良的资产，证明你可以帮助公司创造价值。没有功劳，苦劳就是“徒劳”，老板要的是结果，而不是过程。在企业中，员工不管多么辛苦忙碌，如果缺乏效率，没有做出成绩，那么一切辛苦都是徒劳，一切付出都是白费。优秀的员工，都会用业绩证明自己的价值，其他的都是虚伪的，谁为公司创造的业绩越多，谁的价值就越高。

在工作中，遇到的问题都是你成长的机会。公司的问题，是你改善的机会；客户的问题，是你提供服务的机会；自己的问题，是你成长的机会；领导的问题，是你积极解决从而获得信任的机会；竞争对手的问题，就是你变强的机会。不要老想着做不顺就跳槽，哪个公司都有问题，哪个公司都有优点，遇到的问题都是你脱颖而出的跳板，抱怨和埋怨都是在打自己的耳光，说自己无能就是在放弃机会。

一个员工最大的不幸，就是一辈子认不清自己；一个员工最大的失败，就是在多个地方工作过，却始终没和老板成为合伙人，也没成为老板的左膀右臂。工作没有做好，不是能力问题，心态才是一切的根源，更不是经验问题，感恩才是生命的开关。

努力的背后就是增值，责任的背后就是机会，机会的背后就是收获。你之所以要努力工作，不是因为这份工作没你不行，而是因为这份工作没你也行。最愚蠢的人，往往就是那些自以为是的人，觉得没有自己不行的人，离开了平台，你也许什么都不是。只有不断地提升自己，相互成就才是最好的本钱。话又说回来，其实我们都没有错，只是我们站的位置不同。懂得换位思考，为自己创造价值、为公司创造利润，才是老板和员工通往合作共赢的财富之门、实现彼此成就的成功之道。

思维观念
才是真正的王牌

观念决定着人的思维方式。判断一个人的层次高低，不要去看他的穿着打扮，也不要去看他的职业身份，而要看他有没有让你耳目一新的观点和周密的逻辑思维。这个世界有很多东西都可以包装，可以造假，但高维度的认知和一针见血的洞察力，是永远没有办法伪装的。很多时候你没有安全感，不是因为你没有钱，而是因为你没有思想。乔布斯曾说过："我愿意用我所有的财富，换取与苏格拉底相处一个下午。"这进一步诠释了思维观念远比金钱财富更重要，财富买不来好观念，好观念却能换来亿万财富。

大家不禁要问：人与人之间关键的差别到底在哪里？不是在于国籍、种族、外貌等外在的东西，而是在于语言、观念及思维方式。人的观念为什么能够决定人的行动呢？因为观念决定人的思维方式。有这样一则故事，一家英国的鞋厂和一家美国的鞋厂，各派一名推销员去太平洋的一个岛屿做推销工作，上岛后，他们各自给自己的鞋厂拍回一封电报。英国推销员的电报是："这岛上的人不穿鞋，明天搭头班飞机回去。"美国推销员那封电报是："棒极了，这个岛上的人都没有穿上鞋子，潜力很大，我拟常驻此岛。"面前同样是光脚丫，一个看到的是失望，一个看到的是希望。可见不同的观念就有不同的思维方式，不同的思维方式就得出不同的结论。在现实中，我们用旧观念解读新事物，得到的结论往往不符合实际，因而错失了许多发展机遇。

马云曾说："有了电，你还在烧煤，不是电不好，而是你观念落后，不愿意接受新事物。现在不是钱难赚了，而是赚钱的方式变了。"新的商机来了，你不看，不去了解，就盲目下结论，它怎么可能与你有关系呢？正如，别人在手机上转账，你还非得跑去银行排队；别人在微信里聊天，就把生意做到了大江南北，而你却担心微信绑定银行卡有风险；别人用ChatGPT快速生成电影场景，而你还在用手绘的方式慢慢涂画原始文稿；别人还在制造一次性的航空火箭，科技顶流埃隆·马斯克已经实现了“筷子夹火箭”重复回收利用，用思维的突破引领了人类航天技术的革新。以前认为水不可以倒流，那是还没有发明抽水机；现在认为太阳不可能从西边出来，那是人们还没有住到太阳从西边出来的星球上（如果一个行星的自转方向与地球相反，那么在它上面太阳就会从西边升起，如金星）。这个时代，只有想不到，没有做不到。

惯性思维只能让人在盲目中迷失方向。打败你的往往不是对手，颠覆你的往往不是同行，甩掉你的往往不是时代，而是你传统的思维和落后的观念。你活得那么累，是因为你一直在低头赶路，忘记抬头看天，导致你找不到正确的方向，只是盲目地前进，却一直没有收获。真正阻碍我们前进的，从来不是学识和能力的不足，而是认知和观念的束缚；真正让我们贫穷的，从来不是物质和经济的窘迫，而是思维的懒惰。陷入低水平“勤奋”的陷阱，不过是在耗费生命，会让人逐渐丧失思考能力、创造力和生存的主动权。所以要改变现实，首先必须改变人的观念。学习别人最重要的是学习别人的新观念，不断更新自己的旧观念，才能不断改变自己的行动。独立思考不是闭门冥想，而是走出去放开眼界，让思想和思想碰撞，形成自己独具慧眼的见识。思考你所见到的一幕幕，而不是盲目相信你读过的印刷品，这样你才有与时俱进的逻辑思维能力，成为一个具有独立思想的人。

人生就像一口大锅，当你走到了锅底时，无论朝哪个方向走，都是向上的。最困难的时刻也许就是拐点的开始，改变一下思维观念就可能迎来新的转机。曾经有一个自行车厂，几十万辆车卖不出去，大量裁员，面临倒闭。关键时刻改变了营销观念，车干脆不要了，都扔在街上，装个手机终端，安装密码锁，转型成共享单车，每辆车押金299元，很快就圈了20亿元，市值几十亿美金。亿万财富不是存在银行里，而是产生在人的思想里。空空的口袋不能阻碍你的将来，但空空的脑袋将让你永远贫穷。

现代社会，不是赚钱越来越难，而是赚钱的逻辑彻底变了。以前赚钱我们靠的是信息差，在互联网时代，信息越来越公开透明，未来社会我们赚钱靠的是认知差。同样的事物别人看表象，你能看到本质，抓住要害。认知差对个人的要求更高了，没有文化素养，没有大量的阅读，没有勤于思考的习惯，一个人很难占领认知制高点。所以我们一定要记住一句话，对未来社会一次正确的本质洞察，远远大于一百次的辛勤努力。

贫穷的思维里写满了抱怨和算计，富裕的思维里全都是感恩和付出。抱怨和算计只能导致思维的贫穷，感恩和付出则会产生富裕思维所支配的行动。这个时代，不是时间在改变我们的生活，而是时间在颠覆着我们的生活和思维观念。当昨天的百姓还在提防着自行车被偷，今天却是满大街的共享单车，你不感到惊奇吗？当昨天乞讨者向你伸手，你说没有零钱，今天他却拿来二维码让你扫码，你再也无话可说。社会大转型，科技大发展，生活大变革。只有做好充分的思想准备，迎接生活的改变、社会的改变，才能不被时代的改变而颠覆。

一个人能否成功，取决于他的思维。不去思考的努力都是盲目的，逆袭靠的是认知的改变。有时候你赚不到太多的财富，不是你不够努力，而是你认知出了问题。用一叶障目的方式看世界，是自以为是的愚蠢；跟随愚蠢去不加辨别地起哄，是比愚蠢更可怕的愚昧。跳出自我看别人，跳出圈子看行业，跳出中国看世界，你才能察觉潜在的威胁，才能捕捉突围的机会，才能把握发展的趋势；跳出现在看未来，你才能练就一双独特的慧眼，才能在边界找到新的价值。做事要有看待事情的特殊眼光，看到别人看不到的希望。观念改变思维，思维指导行动，行动形成习惯。从这个逻辑关系可以看出，观念才是决定成败的最关键因素。我们要做的是，在别人不明白的时候你明白了，在别人明白的时候你行动了，在别人行动的时候你就成功了。这就是超常思维。如果说，学历是铜牌，那么，能力就是银牌；如果说，人脉是金牌，那么，思维才是真正的王牌。

人到中年，
也应该有诗和远方

人到中年，我们要忙得有价值、闲得有滋味，别把所有的希望都寄托在明天，人生总有太多的来不及，一眨眼就一天，一转身就一年，一回头就一辈子。到了这个年龄，没有太多的时间可以挥霍，不要追求一些华而不实的东西，不要提前焦虑，也不要预支烦恼，做自己想做的事，走自己该走的路，学会享受自己的精神世界。生活没有模板，只需心灯一盏。如果笑能让你开怀，那就放声一笑；如果哭能让你解压，那就让眼泪流下；如果沉默是金，那就不再解释；如果放下能更好地前行，那就轻松上阵，翻篇释怀。属于你的要积极争取，不属于你的要果断放弃。你要记住，有些东西得到了未必是福，失去了也未必是祸。你若计较，鸡毛蒜皮也能伤你；你若释怀，风风雨雨也无所畏惧。用微笑去面对现实，用心去感悟人生的真谛。万事尽心尽力，而后顺其自然。人生有追求，不要强求，努力了、珍惜了，就问心无愧。

人这一辈子很快，快得刚走进清晨，却马上接近黄昏；人这一辈子很苦，苦得整天忙碌奔波，却错过了最美的年华。当身边一道道风景都变成回忆，才忽然发现，风景依然在，人已非少年。朋友们，人要懂得珍惜，即使青春不再、岁月已老，我们依然要以最美的姿态走过红尘岁月，用心甘情愿的态度过随遇而安的生活。日落归山海，山海藏深意。中年的人生是美好的，我们褪去了年少的青涩，经历过风雨坎坷，跋涉过万水千山，积攒了人生阅历，看淡了世间无常。回望过去，我们已经挺过了多少不为人知的磨难，练出了一边崩溃一边治愈的自己，该经历不该经历的都已经历了，该忍受不该忍受的都已吞下了。到了这个年龄，以往看似大的一些事情，现在回过头来一想，其实都是小事，每一场经历都是生活的积累，每一次坎坷都是生命的绽放。

不是没有忧伤，是我们学会了坚强，不是没有挫折，是我们学会了面对。到了这个年龄，最好的养生不是吃这个补那个，最好的养生是养心，最好的养心是放下。欲望过高就是痛苦的开始，恩怨太深会让你陷入泥潭，虚荣太甚会让你心力交瘁，名利太重会让你万劫不复。到了这个年龄，真正让你美的不再是顺眼，而是骨子里散发出来的迷人气质，是历经岁月沉淀后的有趣灵魂。有时候，我们蓦然回首，那些曾经穷极一生追求的东西，其实不过是“万物为我所用而不为我所有”。是自己的好好守护，不是自己的看淡不争，始终感恩知足地面对所有。让我们坚强独立，不依附任何人，再大的风雨都能够自己撑伞，再多的困难都能够自己克服。

四时无止息，日月共回旋。人生其实就是一场修行，慢慢地你会发现，当修行到一定程度时，你就会真正地接纳所有。知人不评人，有理不争理，看破不说破。恰到好处的喜欢最迷人，懂得分寸的关系最舒服。水之所以清澈，并非没有杂质，而是学会了沉淀；心之所以通透，并非没有杂念，而是明白了取舍。人生最好的状态是做最真实的自己，做好自己分内的事，爱自己想爱的人，不盲目攀比，不纠结逃避。不合脚的鞋要脱掉，不合适的人要远离，不开心的事要忘记。心累了，听听音乐；郁闷了，聊聊心情；疲惫了，泡壶闲茶。烦时找找乐，别丢了幸福；忙时偷偷闲，别丢了健康；累时停停手，别丢了快乐。人生似梦梦如醒，岁月如歌歌无声；两脚踏上红尘路，一杯佳酿百味生。中年人的诗歌，是闻风而动的灵敏，是百折不挠的斗志，是不卑不亢的风骨，是高屋建瓴的睿智。

有多少人的诗和远方，一直都遥不可及，远方看似遥远，却在心底若隐若现。有些事，我们还是要竞而不争，万般随缘。有些路，最终还是要一个人走，哪怕前路漫漫、荆棘满满，只要勇敢地闯过去，你所经历的艰辛，总有一天都能笑着说出来。不管生活怎么样，我们都要向快乐出发，说得诗意一点，那就是："莫道桑榆晚，为霞尚满天。"有内心的热爱，就可抵岁月漫长。愿我们安睡时山河入梦，愿我们醒来时满目春风，愿我们欢笑时始终如一，愿我们前行时坦荡自如。就像"人"字一样，一撇写过前半生，写的是执着；一捺写尽后半生，写的是释怀。我们要不为往事忧，只为余生笑。现在要做的是，心有山水不造作，静而不争远是非，且看且行且珍惜，且听且悟且从容。

人的一生，真正能让你大彻大悟的，从来都不是别人而是自己的经历；真正能够治愈你的，从来都不是时间而是你内心的那份执着和释怀。让我们放下焦虑，坦然面对，行而不辍，带着对岁月的敬畏之心，在人生跑道的转折处，继续优雅前行。朋友们，中年的人生，也可以拥有诗和远方。

铭记历史，致敬英雄

“清明时节雨纷纷，路上行人欲断魂。”在我们祭拜自己祖先的时候，切不可忘记为创造这个时代而英勇献身的英雄们。回望百年奋斗路，我们深切地感受到，今天的幸福生活来之不易。今天的中国山河无恙、国泰民安，有赖革命英雄的奉献与牺牲。正是因为我们无数的革命先辈，他们顶天立地、舍生忘死，才能在苦难中赢得胜利；正是因为无数的中华儿女，他们英勇顽强、勇于拼搏，才能在风云动荡中成就辉煌；正是因为无数优秀的共产党员，他们义无反顾、勇毅前行，以实际行动诠释了对党的无限忠诚，才能在西方列强的围堵中愈挫愈勇。这一伟大时代足以告慰我们的先烈。他们大无畏的革命精神，将永远激励我们一代又一代的中国人。

英雄的本色是什么？是“雨打灯难灭，风吹色更明”的坚韧顽强，是“一年三百六十日，多是横戈马上行”的不辞艰辛，是“高情已逐晓云空。不与梨花同梦”的超越平庸，是“男儿何不带吴钩，收取关山五十州”的满腔壮志，是“一腔热血勤珍重，洒去犹能化碧涛”的不惧牺牲，是“回看射雕处，千里暮云平”的襟怀坦荡，是“富贵非所愿，与人驻颜光”的无私奉献。英雄自古常如此，敢教日月换新天。感时思报国，扬眉剑出鞘。俯首甘为孺子牛，我以我血荐轩辕。英雄们的身上永远都闪耀着人性的光辉。

漫漫历史长卷，数不尽的风流人物。从辛亥革命推翻封建帝制，到抗日战争打败侵华日军；从抗美援朝保家卫国，到自卫反击保卫边疆，每一次战斗的背后都有一批又一批勇士披荆斩棘、慷慨赴义，书写了气壮山河的伟大史诗。他们有“砍头不要紧，只要主义真”的夏明翰；“生的伟大，死的光荣”的刘胡兰；还有“人，不能低下高贵的头，只有怕死鬼才乞求‘自由’”的陈然；更有不远万里，为支援中国抗战而牺牲的国际主义战士白求恩。我们不能忘记他们前赴后继的英勇壮举，更不能忘记他们舍生忘死的丰功伟绩，正因为他们抛头颅、洒热血，才换来了共和国和平幸福的今天。

黑云压城城欲摧，山雨欲来风满楼。新中国成立后，敌对势力亡我之心不死，我们无法忘记在抗美援朝中坚守上甘岭的五大无名烈士，对越自卫反击战中英勇就义的姜利民、李庆海，还有为建设共和国而献身的王进喜、焦裕禄。他们以血肉之躯挑战强敌，以大无畏的革命精神捍卫着国家的主权和尊严，他们殉身为国的崇高情怀，是我们坚定信心、勇往直前的不竭力量。

面对来自各方面的风险挑战，面对西方敌对势力的不断打压，中国人民总能逢山开路、遇水架桥，杀出一条鲜红的血路，创造了一个又一个奇迹。走上军旅之路的年轻一代，无论是驾驭战机空中翱翔的天之骄子，还是驾驶战舰海上驰骋的海疆卫士，或者手握钢枪捍卫国门的边防勇士，在火热的现实生活中，都能感受到先烈英雄的精神烙印。洪水中，他们勇往直前；地震中，他们挺身而出；疫情中，他们逆向而行。哪里有危险，哪里就有他们的英姿；哪里有灾情，哪里就有他们的身影。英雄们的事迹闪耀着永恒的精神光芒，照亮我们前行的方向。他们忠诚担当、坚贞不屈、无私无畏的崇高品格，是我们不惧风雨、砥砺奋进的强劲动力。

星光不忘赶路人，时光不负奋斗者。朋友，当你满怀憧憬走进办公室的时候，当你搀扶父母在江边漫步的时候，当你陪同爱人和孩子踏入电影院的时候，你能否感受到生活在这个伟大的中国是多么的自豪？在这个幸福的时代，你可记得为创造安定生活而付出生命的先烈们？你可记得为守护和建设祖国而不懈奋斗的英雄们？他们用汗水滋养了边疆的和谐稳定，他们用鲜血晴朗了共和国的天空。一个有希望的民族不能没有英雄，一个有前途的国家不能没有先锋。崇尚英雄，才会产生英雄；争做英雄，才能英雄辈出。

我们生在红旗下、长在春风里，虽然无须像先辈们那样抛头颅、洒热血，但是他们艰苦奋斗、锐意进取的精神我们将永远追随；他们英勇拼搏、勇于牺牲的气魄我们将永远铭记。我们要传承弘扬那段艰苦卓绝的奋斗历程，珍惜来之不易的幸福生活，把职责当使命，把岗位当战场，励志勤学，拼搏奋进，为实现中国梦注入磅礴的力量。

最深沉的悼念是铭记，最温暖的纪念是传承。铭记历史，致敬英雄，这不仅是向共和国缔造者们致敬，更是向共和国守卫者、建设者、为国捐躯的烈士们的集体致敬。他们的精神，当化作一种力量，激励着我们每一个人为祖国的未来而努力，为中华民族伟大复兴而奋斗。他们用生命告诉我们，忠诚与牺牲是人类最宝贵的品质，勇敢与坚持是民族精神不屈的脊梁。他们的功勋，祖国和人民没有忘记，祖国和人民也不能忘记，让我们永远记住他们。如果忘记他们的牺牲，就是对中华民族的背叛，意味着我们很可能会重蹈覆辙。所以吾辈当自强，在信仰与敬仰、缅怀与情怀、感恩与感动中砥砺前行，让那些璀璨的光辉永远照亮我们前行的道路。烈士之魂不朽，英雄之心永垂。让我们驻足肃立、垂手注目，向我华夏铁骨铮铮的男儿致敬，向我中华不让须眉的巾帼致敬！向所有中国军人致敬！向所有为保卫国家、建设国家英勇献身的革命烈士致敬！

科技之树该如何点亮？

——从无人驾驶技术看科技进步中的人文关怀

中国的科技发展日新月异，大数据、人工智能等新兴技术正以不可逆转之势席卷而来。在满怀期待之时，我们也不禁忧思，人类是否会被人工智能替代？我们又该如何在时代的浪潮中稳住阵脚？如果有一天，你拥有一辆全自动的无人驾驶汽车，它一边送你上下班，一边帮你挣钱，没电了就自己去充电，上班兼职两不误，是不是挺好的？

曾几何时，上面的故事还只是一个段子，可就在近日，无人驾驶的梦想开始转化为现实。无人驾驶汽车穿梭于街头巷尾，成为城市中一道独特的风景线。它们以低价、便捷为卖点，吸引了无数乘客的目光，让人们初尝了未来出行的新滋味。乘客们纷纷为无人驾驶的科技感与便捷性点赞，他们享受着这种全新的出行体验，仿佛科技真的如春风化雨般滋润了生活的每一个角落。

然而，这份喜悦背后却隐藏着难以预料的暗流涌动。有人说，这真是一件喜忧参半的事。例如，正当无人驾驶出租车面临着舆论的纷纭评价之时，出租车司机与网约车司机们的声音就值得关注。他们愤怒地指责无人驾驶出租车“抢饭碗”，以低价策略进行“降维打击”，让本就竞争激烈的出租车市场雪上加霜。他们的担忧并非没有道理，毕竟一大批依靠网约车维持生计的人将面临失业。有人苦笑着说：“我本来规划的是青年跑外卖，中年跑滴滴，老年当保安，这下好了，我需要重新规划人生了。”每一辆无人驾驶出租车的背后，都可能意味着一个家庭的生计被剥夺。

另外，无人驾驶出租车在试运营过程中暴露出的问题也令人担忧：起步不稳、红灯加速、绿灯不行、转弯卡顿……这些问题不仅影响了乘客的出行体验，更在无形中加剧了城市的交通拥堵。更有甚者，两辆无人驾驶出租车在会车时互不相让，直接导致大面积的堵车事件，让乘客心惊胆战。这一系列问题，不仅引发了公众对无人驾驶技术安全性的质疑，更引发了人们对科技进步与人文关怀之间的深思。科技，究竟是为了让人类生活更美好，还是成为让人类添堵的新包袱？同时，无人驾驶系统如果被别有用心的人控制，那就意味着它会变成被利用的工具，无人驾驶汽车可能会造成成千上万的死伤，这将是我们无法承受的灾难。

不可否认，无人驾驶技术的出现，确实为打车行业带来了前所未有的变革。它降低了乘客的出行成本，提高了出行效率，为城市交通的智能化、绿色化提供了可能。然而，事物都有它的正、反面，科技在带来便利的同时也带来了诸多风险与挑战。无人驾驶技术的安全性尚待验证。面对复杂多变的交通环境，无人驾驶汽车能否做到随机应变、确保万无一失？一旦发生交通事故，责任由谁承担？受害方又该向谁索赔？这不仅是技术问题，更是伦理与法律问题，但这些问题至今仍未得到明确的规范。

在人工智能和自动驾驶技术快速发展的背景下，无人驾驶现象不仅在出租车行业掀起了波澜，也对整个就业市场产生了深远的影响。面对无人驾驶技术引发的争议，我们不禁要问：科技之树该如何点亮？表面上看，无人驾驶降低了乘客的打车成本，但这可能只是暂时的现状，谁都不敢保证这项技术不会被无良资本裹挟。另外，出租车和网约车并不是高端就业行业，依靠普通百姓就能经营好，而且这是很多普通百姓的最后一条“生路”，如果人到中年被公司裁员了，还能跑出租或者网约车维持生计。全国有几百万名出租车和网约车司机，这一行业还涉及驾校、教练、停车场等。如果盲目将人工智能快速无序地渗透到这些传统行业，那么传统行业就业者可能纷纷受到冲击，这些人背后是几百万个家庭，关系到上千万人的一日三餐，孩子上学的钱、老人看病的钱、房贷车贷的钱都要靠这个来维系。如果科技的发展抢走了普通百姓的饭碗，那这样的科技还有什么意义？经济学家约瑟夫·斯蒂格利茨认为，失业是经济和社会问题的根源。失业问题的严重性不容忽视，它不仅关乎个体的生计，更牵动着社会的稳定与发展。麦肯锡一项研究预测，到2030年，全球将有高达8亿人的工作岗位会被自动化和机器替代。所以说，科技的发展应当注重平衡与协调。在推动科技创新的同时，我们必须充分考虑到社会各阶层的利益与诉求。特别是对于那些可能受到科技冲击的弱势群体，我们更应该给予他们足够的关注与帮助。只有这样，我们才能确保科技发展的成果惠及民生。

科技的发展应当与法律法规的制定同步推进。无人驾驶技术的普及离不开完善的法律法规的支持与保障。我们必须加快制定和完善相关法律法规体系，明确无人驾驶汽车的责任主体、事故处理机制等关键问题。只有这样，才能确保无人驾驶技术的健康有序发展。

科技创新从实验走向落地的过程从来都不会轻松，不论是落地过程中遇到的新问题，还是人们观念壁垒的突破，都是创新过程中要面对的。回望过去，科技之树已经在我们身边茁壮成长；展望未来，技术的发展是必然趋势，无人驾驶也好，AI也好，都不会因此而停下脚步。从全社会的层面来看，无人驾驶最终会造福人类，它的到来可以让我们的出行更便宜、更安全。据有关数据统计，我国平均每8分钟就有1人因车祸死亡。随着无人驾驶的普及，像酒驾、路怒症、疲劳驾驶等现象就会越来越少，交通事故率就会大幅下降，交通事故产生的社会损失会大幅减少，整个社会的交通管理成本也会大幅度下降，这是无人驾驶未来发展的优势。但是，无人驾驶等AI技术对人类工作的替代，也要引起全社会的充分重视。在我国，从事出租车司机、快递员、外卖员、货车司机这类传统职业的人数达到了八千多万人，给很多人提供了灵活就业的选择，所以说无人驾驶的社会影响有赖于国家把控无人驾驶的发展节奏，做好相关规范与保障工作，避免在短期内加大就业风险。

科技的发展应该致力于祖国繁荣、民族复兴，应该用于国防、教育、医疗、航空航天事业，让我们的现代装备变得更加先进，让我们的教育医疗变得更加完善。最起码，也要让普通百姓的生活成本降低，生活质量提高，让每一个普通百姓都能找到维持家庭生计的出路。如果科技只是与民争利，那就违背了“以人民为中心”的初衷。当然，也有有识者指出，可以限制无人驾驶出租车的运营时间，可以让其在晚上0点到早上6点运营，其他时间则由传统的网约车和出租车来运营，让机器人干一些人类干不了的、危险的工作，或者人类干得了但是更需要AI来确保公平的工作，真正让人和机器和谐共生，而不是冰冷地与人抢饭碗和“机器换人”。比如一旦AI进入医疗，我们最起码能看到，通过公正的检查得到公正的结果，就能大幅减少重复治疗、过度治疗、小病当大病治等现象。

人工智能在无人驾驶领域的应用这一紧跟时代的科技创新，一定程度上为百姓生活提供了便利，也让互联网企业尝到了甜头，同时也引发了社会的关注与思考：传统的互联网企业怎么突破“短平快”流量急速变现的发展思维，竭力避免把科技创新变为单纯的逐利工具，实现经济价值与社会价值的同频共振。

历史车轮滚滚向前，新技术迭代升级永远都是大势所趋、不可逆转的。在这条充满希望与挑战的道路上，我们需要时刻保持清醒的头脑、坚定的信念和人文的关怀。只有这样，我们才能确保科技之树永远繁茂、科技之光永远璀璨！让我们携手共进、共创未来，让科技之光不仅照亮我们的城市、照亮我们的生活，更照亮我们每一个人的心灵。

角度改变观念，视野把握人生

一般人缺什么？表面上缺的是金钱，脑袋里缺的是观念，本质上缺的是视野。从不同角度、不同侧面去看待一件事或一个人，往往会有截然不同的感受和认知。与思维观念不在同一个层次的人论辩，结果一定是毫无意义的争吵，因为各据方位的各执一端，早已把道理置于废除的境地。苏轼有一首诗写道：“横看成岭侧成峰，远近高低各不同。不识庐山真面目，只缘身在此山中。”在某些人看来，它是形容庐山的雄伟和险峻，但是，在智者眼里，它更是道出了正确认识问题的方法论。我们要学会多层次、多维度地去看待每件事，对每个问题要辩证地去看待。这对端正自己的心态，把握自己的处世观，选择自己的人生轨迹尤为重要。

人的眼睛看不到自己的背后，这是视觉盲区；把优势的一面看得太重，把劣势的一面看得太轻，这是思维盲区。要想看到自己的背后，就必须借助镜子的反射；要想把事情考虑周全，就必须听取别人的看法，特别是反对意见。相同的任务，因为执行者的方法、角度不同，执行结果也会不尽相同。所以，遇到事情要多角度换位思考，才能找到解决难题的最佳方法。

眼睛看到的是眼前，眼光看到的是未来。有两只狼来到了草原，一只狼很失落，因为它找不到现成的肉，这是用眼睛看问题。而另一只狼则很兴奋，因为它看到眼前有大片的草原，而有草原的地方必定有羊，这是用眼光看问题。眼睛只能看到眼前，眼光则能够使人超越现状而看到长远。

一个人面对外部世界的时候，需要的是窗户；一个人面对自己的时候，需要的是镜子。用清澈的眼光看世界，世界就是精彩的；用恬静的方式去生活，生活就是美好的；用平常的心态看得失，人生就是轻松的。疲倦的时候换个心情看世界，压抑的时候换个环境深呼吸，困惑的时候换个方式去思考，犹豫的时候换个思路去选择。如果换个角度，世界就是另外一个样子。所以，即使遇到再大再多的烦心事，换一个位置，换一种角度，也许你就会豁然开朗，世界原来如此美丽。

一个人能走多远，取决于他的眼光；一个人能飞多高，取决于他的视野。眼睛看到的地方是视线，眼睛看不到的地方是视野。人的视野不同，看到的景物自然就不同，对事物的理解也就不同了。当我们在低楼层的时候，看到的都是满地的垃圾，而在高楼层的时候，看到的皆是满城的风景。不同的楼层，会有不同的视野和心态。人也一样，当我们迈入一个新的高度，达到更高的境界，就会有不一样的视野和胸怀。每一个人都是在自己的视野范围内做判断。比如坐井观天，我们不能嘲笑青蛙眼光的狭隘，因为它一辈子待在井底。如果小鸟告诉它井外的信息，或者它自己愿意主动跳出来，它就会发现外面的世界五彩斑斓。

乞丐不一定会妒忌百万富翁，但可能会妒忌收入比他高的乞丐。没有高度的视野，就会画地为牢、作茧自缚，纠结于现在的小圈子，囿于生活的小运气，陷于个人的小九九；有了更高的视野，就会把身边的人与事看淡，把问题的本质看通透。

限制人发展的，往往不是经历和学历，而是你所处的圈子。你身处什么样的圈子，就会遇到什么样的人；你结交什么样的朋友，脾性也会慢慢接近什么样的人；你处在什么位置，站在什么高度，决定了你有什么样的视野。只有勤于学习、善于思考，我们才能底蕴深厚、思维升华，从而站在更高的层次认识分析问题，视野才会更开阔，看到更大的天空，拥有更大的格局。

当你心结未开一筹莫展时，当你的思想停滞不前被桎梏时，不妨迈动智慧的双脚走一走。换个角度，观念就会有所改变，就会收到“柳暗花明又一村”的意外惊喜。也许你不满意自己的出身，却不知多少人羡慕你的家庭；也许你正抱怨工作的辛苦，却不知多少人向往你的岗位。你此刻的不满，可能正是别人眼里的幸福；你此刻的不屑，可能正是别人梦寐以求的期盼。换个角度看问题，你的人生就大不相同。换个角度看人生，你的生命将会有不一样的精彩。

世上本无移山之术，唯一能移山的方法就是：山不过来，我就过去。有这样一则故事：一天，渔翁问猎人，如果你前进一步是死，后退一步是亡，你该怎么办？猎人毫不犹豫地说：我往旁边去。生活中难免会遇到风雨和坎坷，对于诸多的不顺，不要心怀不满、怨气冲天，也不必耿耿于怀、一蹶不振，遭遇两难困境的时候，换个角度、拐个弯，路的旁边还有路。人生最聪明的态度就是改变可以改变的一切，适应不能改变的一切。有人晚上送一个有视力障碍的朋友，并特地给他点了一个灯笼，这个朋友很生气地说："我本来就看不见，你却给我一个灯笼，这不是嘲笑我吗？"主人说："你看不见，别人看得见，你走在黑夜里，有了灯笼，就不怕别人撞到你了。"有些事，其实谁都没有错，只是站的角度不一样，思考问题的结果不一样。人生又何尝不是呢？理解不同，结果就不一样。遇事我们要设身处地地多为他人着想，多一点理解，多一点包容。

有时候，人的眼睛只能看到别人的过失，却看不到自己的缺点。只有拓宽视野，才能优化人生的格局，提高人生的高度。对不同的观点与意见，要用一种开放的心态，一种尝试和实践的勇气与胆识，探究到底。只有这样，你的视野才会超越同时代的人，才有可能成为行业的高人或专家。看一个人，既不要因为他暂时落魄就看不起他，也不要因为他光鲜亮丽，就高看一眼。走在大街上，看到脚下干净的路，你要想到这是环卫工人的功劳；住在宽敞明亮的房子里，你要想想这里少不了建筑工人的功劳；品尝可口的饭菜时，你要想到还有多少农民此刻正在田间辛苦劳作。一双刻薄的眼睛看到的都是“有缺点”的人，一双傲慢的眼睛看到的都是“愚蠢”的人，而一双智慧的眼睛看到的都是值得学习的人。不要小看身边的每一个人，因为每个人都在创造不同的价值。也许他们的物质条件没有你优越，能力比不上你，但你不能看不起他们，每个人的身上都有值得你学习的地方，他们也是对社会有用的人。“你站在桥上看风景，看风景的人在楼上看你。”站在苍穹之下，起点在哪里，终点就在哪里。我们的视野有多远，世界就有多大，每一个故事都有一份安静的思考。

站好高度，换个角度，把握尺度，是高度决定了视野，是角度改变了观念，是尺度把握了人生。站好高度，视野开阔；换个角度，迎刃而解；把握尺度，怡然自得。

不要在奋斗的年龄选择了安逸

一个人，在该奋斗的年龄，不要选择了安逸。安逸的人生，谁不想拥有？只是这种安逸应该是经历奔波岁月后，内心的愉悦和富足。它不是年轻时逃避艰辛的理由，它无关享受、无关迷茫，而是内心对稳定的渴望。我们纵然可以停滞不前，可以安逸享乐，但更应该自我改变，选择在奋斗中精彩绽放。唯有如此，才不负时光对我们的最好馈赠。

一生当中，时间是最公平的，它不会因为你的懒惰而停留，不会因为你的犹豫而等待。没有人天生就是伟人，就像没有一条河流能不经障碍就径直地流入大海，正是因为有了沿途那泥沙的冲刷、那藩篱的阻挡，才能让我们泛起勇往直前的波涛，激起力挽狂澜的巨浪，在曲折的洗礼中一路奔涌，在辽阔的山川上一泻千里，去见证、去融入那精彩广阔的世界海洋。人生也是一样，在该奋斗时选择了安逸，就好比在奔腾中选择了宁静，最终化为岸边的一潭死水，随风消散。要知道，安逸虽能带给我们片刻的舒适时光，但确实是将我们禁锢在舒适圈的枷锁，是割裂我们扬帆前行的小刀。

人生安逸很容易，但你最终会一无所得。对于成长，每个人都会有自己的惰性，在没有形成惯性之前，总是会受一些外在因素的干扰。所以，有时候就得对自己狠一点，逼自己一把。放弃太安逸的闲暇生活，丢弃太无聊的胡思乱想，别让平淡的生活耗尽你所有的向往，与其在那里自怨自艾，不如耗尽时光努力成为更好的自己。当你把自己逼到没有退路，前进就成了你唯一的选择。你勇敢，世界会为你让路；你无惧，命运就会为你屈服。一个人，不怕后悔做过什么，怕的是后悔没做过什么。人生奋斗的光景就那么一段，不要让未来的自己心怀不甘。没有人能回到过去，但所有人都能从现在开始。如果你身边没有光，那就努力让自己发光。要知道，所有光鲜的背后都是永不言弃的坚持，所有来之不易的幸福都是背后苦苦的追求，拥有一个梦想就要有一个理由去坚持，总有一天你会活成自己喜欢的模样。

生活里从来没有“容易”二字。每个人的一生当中，都会有这样一段迷茫的日子，眼看就要撑不下去了，这时千万不能放弃，当你度过这段艰难困苦的时候，你会发现所有的坚持都会换来繁花似锦。在还能逐梦的年龄，请不要轻易向命运妥协。你可能一时犯了懒，觉得舒服惬意，久了你就会发现，偷懒只会让你越来越累；也许你此刻怕麻烦，不愿走出舒适区，等麻烦找上门来的时候，你只能无所适从、手忙脚乱。安逸的人生往往隐藏着许多陷阱。当你的米缸都是米的时候，躺在里面你会很安逸；当有一天米缸见底了，你才发现想跳出去也无能为力。被窝里的温度远不如未来收获的温暖，所以不能贪图眼前的安逸。在温室里生长的鲜花经不起风霜雨雪，只有经历过自然界考验的花，才有可能成长壮大。多一些当下的付出，将来就会有更多选择的机会。要相信，只要努力奔跑，整个世界都会给你让路。所有的逆袭都是有备而来，所有的光芒都是随着时间的推移才被发现，所有的信任都是靠努力埋下的伏笔。

“莫道桑榆晚，为霞尚满天。”老年人如字典，少年人如戏文。雨果曾经说过，谁虚度了年华，青春就要褪色。世上最好的保鲜方法就是不断进步，努力让自己成为更好的人，这其实比什么都重要。人这一生，最可怕的是无所事事，最可悲的是无所追求，最可恨的是无所作为。世上总有一些美好值得我们全力以赴，之所以去奋斗、去坚守，正是为了让父母晚年幸福而不是忧心忡忡，让孩子快乐成长而不是担惊受怕，让自己余生自由而不是随波逐流。否则，当父母需要你的时候，除了泪水，你一无所有；当孩子需要你的时候，除了惭愧，你一无所有；当回首往事的时候，除了蹉跎，你一无所有。要知道，在追梦的年龄选择了安逸，就是对自己和家人最大的残忍，只有选择进取，才是对未来最好的奖赏。

“千淘万漉虽辛苦，吹尽狂沙始到金。”不经一番寒彻骨，怎得梅花扑鼻香。真正有本事的人都是熬出来的。有时候人与人拼到最后不是智商和情商上的较量，而是心理上的较量。内心坚韧、能屈能伸的人往往能够走到最后。真正厉害的人不会频繁地更换方向，而是会在选定一个方向之后不断深耕，留给自己充足的时间，静待花开。在生命力最旺盛的日子里，就该像爬山虎一样，向着心中的梦想不断向上攀爬，把青春的绿色铺满征途。能前行的时候，竭尽所能；能跋涉的时候，拼尽全力；能蜕变的时候，脱胎换骨。相信自己，你能作茧自缚，就能破茧成蝶。追逐梦想的道路没有一条是平坦的，只有那些不畏艰难、坚持不懈沿着陡峭山路去攀登的人，才有可能达到光辉的顶点。

青春是用来奋斗的，不是用来挥霍的。没有一代的青春是容易的，请不要在最能吃苦的年纪选择安逸，也不要轻易地把梦想寄托在别人身上。人生并不是一个成王败寇的战场，而是一个奋斗者的舞台。朋友们，不要在青春年少的时光里荒废了自己，更不要在该奋斗的年龄选择了安逸。

朋友不在远近，贵在真心

这个世上，不是所有的人都能成为朋友，能成为朋友的要看缘分，缘分不到，来了也会走；虚情假意，聚了也会散。真正的朋友，不看数量而看质量，不看外貌而看真情，不在远近也无关距离，只要情投意合、心心相印，哪怕相隔千里也能近在咫尺。

交朋友，不一定要交有心有肺的，但一定要交掏心掏肺的；不一定要交如虎添翼的，但一定要交同舟共济的；不需要太多的甜言蜜语，也不需要整天的形影不离。有些人只会锦上添花，不能雪中送炭；有些人只做表面功夫，不能坦诚相待。有时候，不摔一跤，不知道谁会真正扶你；不摊上事，不知道谁会真心帮你。下雨了，才知道谁会给你送伞；遇事了，才知道谁会对你真心。

真正的朋友，无须想起，因为从未忘记。时光转换，体会到缘分善变；平淡无语，感受了人情冷暖。有心的人，不管你在与不在，都会惦记；无心的人，无论你好与不好，只是漠然。走过一段路，总能有一次领悟；经历一些事，才能看清一些人。不离不弃的，才是真朋友；不见不散的，才是真守候。友不在多，贵在风雨同行；情不论久，重在有求必应。所谓情真，只要你要，只要我有，只要我能；所谓义重，不是得意时的花言巧语，而是关键时拉你一把的那只手。能维护友情的，不是距离远近，唯有热情和真心；能拉近心灵的，不是频繁相聚，唯有理解与共鸣。人的一生，要认清两种朋友——“一辈子”和“一杯子”，我们一辈子能遇到很多“一杯子”，但“一杯子”中却很难结交几个“一辈子”。

真正的朋友，不是在你辉煌时认识你，而是在你落魄时记着你。有福同享不见得是真朋友，有难同当一定是亲兄弟。得意时，朋友认识了你；落难时，你认识了朋友。时间带不走真正的朋友，岁月留不住虚幻的拥有。真正的感情，不是海枯石烂的真情告白，而是在穷困潦倒时也心甘情愿为你颠沛流离。很多时候，人在最深的绝望里，往往才能看到最美的风景。人和人的感情，有时好像织毛衣，建立的时候一针一线，小心而谨慎；拆除的时候，只需轻轻一拉，绳断线落地。也许只是一句玩笑话，也许是无意间的一个小误会，所有的情缘再也不见。

真正的朋友，会在你困难的时候，不求回报地帮助你。他会痛苦着你的痛苦，快乐着你的快乐。你愉悦的时候他跟着你开心，你哭泣的时候他陪着你伤心。他仿佛就是第二个你，在他身上你能看到自己的影子。朋友是心有灵犀的默契，是苦乐荣辱的相伴，是茫然无措的相助，是永藏心底的牵挂。不用开口就帮你的，是贴心的朋友；只要你开口就帮你的，是仗义的朋友；你一开口就答应，最后却不会帮你的，是不负责任的朋友；非但不帮你，还在背后踹你一脚的，是落井下石的狐朋狗友。人在倒霉时，至少有这么一点好处，可以认清谁才是真正的朋友。

真正的朋友，不是吃喝玩乐，而是默默关注你的一切。落难了，不袖手旁观，能伸出援手雪中送炭；失意了，不冷嘲热讽，能热心开导把你规劝；寂寞了，不远离视线，能无话不谈把你陪伴；开心时，为你高兴，笑得也许比你灿烂；伤心时，为你担心，恨不得能代替你来承担。越成熟我们越知道，不是所有熟悉的人都能称为朋友。检验一段友情，不是看他酒桌上的豪言壮语，也不是平时交往中的慷慨大方，而是当你落魄无助时，愿意接纳你的苦衷和倾诉；当你飞黄腾达时，愿意分享你的成功和喜悦。真正的好友，无关利益，真正的知己，是在时间的洪流中冲不散的那个人。所以说，人生最大的幸福，不是走在平坦的道路上，而是在坎坷的路上有患难与共的朋友；最大的快乐，不是没有眼泪的生活，而是有一位为你擦干眼泪的挚友。再要好的朋友不懂相互照应，也会越走越远；再亲密的关系不知理解包容，也会越来越淡。想要得到回报，你就得认真付出；想要赢得人心，你就得以心换心。遇到那些相处舒服、聊得来，彼此之间坦荡不计较，把你放在心里而不是做表面功夫的朋友，这是一种幸运，如果有这样的朋友，我们都要好好地珍惜。

真正的朋友，需要沉淀。年少时，我们觉得友谊会天长地久，总觉得朋友交得越多越好，长大后却渐渐发现，原来友谊也会过期，有些朋友只是阶段性的，那些曾经无比要好的朋友，那些自己曾经深爱过的人，都渐渐悄无声息地走散，无论许下过什么誓言，最后都会因为志向追求和三观的不同而各奔东西。落叶知秋、落难知友，真正的朋友经得住人生的沉浮，能够一起抵挡风雨，一起开怀大笑，真心相待，久处不厌。历经了人情冷暖、岁月洗礼，蓦然发现，三五个知己，胜过万千点头之交。老了以后，有几个这样的朋友相伴，才是你真正的福气。鲁迅在碰到瞿秋白的时候，也感慨道，人生得一知己足矣，斯世当以同怀视之。走过流年的山高水长，总有一处风景，会因为我们而美丽；总有一个笑脸，是为我们而绽放；总有一份遇见，唯美了整个曾经；总会有一个人，知你冷暖，懂你悲欢。所有的过往都值得我们珍惜，所有的经历都是一种懂得。一个人要想有大的提升，首先要优化自己的圈子，因为你接近什么样的人，就会走什么样的路；限制你发展的，往往不是学历，也不是智商，而是你时常接触的人和你的圈子。父母含辛茹苦帮你踏入社会，而在社会立足，却要靠你自己。如果再有一个能帮你开阔眼界、提高情商，给你正能量的人，那就是你生命中的贵人。但是，贵人不会哭着喊着求你，你想像雄鹰一样翱翔天空，那你就要和群鹰一起飞翔，而不要与燕雀为伍；你想像野狼一样驰骋大地，那你就要和狼群一起奔跑，而不能与鹿羊同行。所以，你一定要向优秀的人靠近，主动和不好的人保持距离，只有这样，你才能越来越优秀。趁年轻，多学多做，他日万千优点集于一身，何愁不是人上人。

我们或许会因为学业、工作或其他各种原因而与朋友分隔两地，但真正的友情并不因此而减弱。真心，是友情的灵魂所在。它让我们在复杂多变的世界中，保持纯真与善良，更让我们在彼此的生命中，留下最真挚的印记。它如同一条坚韧的纽带，将我们的心紧紧相连，即使相隔千山万水，也能感受到彼此的温暖与支持。真正在乎一个人，也未必就要在一起，很多时候，不打扰也是一种在乎，不联系也是一种珍惜。很长时间没有联系的朋友，天冷了要加衣，请保重自己，因为有人在牵挂着你。真心的朋友，可以携手同行，长久的情谊，才能默默守护。真正的朋友心有灵犀，无关吃喝，无关利益，无关身份，没有时空阻隔，没有流言离间，有的只是心灵的默契，是性情的相投，是灵魂与灵魂的碰撞，是心与心的交融。你们无须相从过密，不用推杯换盏，没有繁文缛节，没有利益交换，彼此之间无欲无求，会心一笑便胜过千言万语，一声问候如同锦上添花。

人活一世，能认识的人不少，能深交的人不多；能陪你笑的人不少，能陪你哭的人不多；能看见脸的人不少，能看清心的人不多。最好的朋友是那种不喜欢多说，能与你默默相对而又息息相通的人。真正的朋友，会适时提醒你，使你在得意时不会忘形，在失意时不会气馁。帮过你的人不要忘，爱过你的人不要恨，信任你的人不要骗。真挚的友情，绝不会因为不常联系而轻易地消失。

岁月匆匆，随着年龄的增长，我们并不是失去了一些朋友，而是懂得了谁是真正的朋友；茫茫人海，遇到真心对你好的朋友，我们要学会加倍珍惜。让我们珍惜一晃而过的岁月，感恩一见如故的缘分，留下永恒不变的友情，牵挂一生难忘的朋友。

聪明的人不一定有智慧

这个世上有许许多多聪明的人，但聪明的人不一定有智慧，有智慧的人一定聪明。大家经常会把聪明和智慧混为一谈，觉得两者没有区别。然而，它们却有着本质的不同。在我看来，聪明是一种与生俱来的天赋，是一种生存的能力，而智慧是一种岁月沉淀的积累，是一种艺术的境界；聪明的人可以看清现在，而有智慧的人却能看透未来。智者大都是用大脑思考，聪明一般是用心在算计。只有在经历过一些事情之后，你才会恍然大悟、豁然开朗，很多时候上当不是因为别人狡猾，而是你认为自己比别人聪明，生活不仅需要聪明，更需要智慧。

聪明的人不一定会做事，但有智慧的人既会做事，更会做人。聪明的人总是用脑思索，分析原理、剖析案例、总结对比，习惯了理性的思维方式。他们的想法、见解以及判断都是在情理之中，客观而理性。因此在遇到不顺心的事情后，他们往往容易急于申诉辩论，总想着胜天半子，忍不住冲动发怒，恨不得让所有人都能了解事情的真相，不容许有一点点含糊。而有智慧的人遇事则显得淡定从容，见怪不怪，在面对各种复杂情况时游刃有余，懂得在其中找到得失取舍的平衡。他们感悟道理、了悟究竟，并以此作为言行的向导，时刻表现出一种缄默与优雅的姿态，从不与聪明者比聪明，却往往能够不战而屈人之兵，以出世的姿态，做着入世的事情。

在现实生活中，聪明能在短期内带来财富和权力，智慧却能带来千金难买的知足和快乐。如果缺乏智慧，再聪明的人都可能会在人生的旅途中迷失方向；而拥有智慧的人，即使不是最聪明的，也能够凭借对生活的深刻理解和对人性的洞察，做出更加明智的选择，从而在人生的长河中保持稳定和幸福。回望历史，一代军事天才拿破仑从小就在数学特别是几何学上展现出过人的天赋，自巴黎军官学校炮兵学毕业后，他凭借非凡的军事才能和卓越的军事素养在军政界崭露头角，当上了法兰西第一共和国执政官，后来顺利瓦解了反法同盟，成为与恺撒大帝、亚历山大大帝齐名的欧洲霸主，站上人生顶峰。然而，他统一欧洲大陆的野心和对无上权力的渴望最终导致了在滑铁卢的惨败，让这位曾经征服欧洲的拿破仑大帝最终在圣赫勒拿岛上结束了他的一生。固然拿破仑的最终失败不能说他完全没有智慧，但再聪明的人如果只按照自己的欲望喜好接纳信息，就会陷入盲目自负和自我屏蔽之中，不知不觉地丢失理智，顺理成章地步入愚蠢和固执的境地。事实证明，聪明的人虽说能够获得一时的成功，但难以持久；有智慧的人则能永远立于不败之地。还有作为印度民族解放运动领袖的圣雄甘地，虽然没有惊人的智力和天赋，但从生活中感悟出合作向善的大智慧和坚持非暴力不合作的铁原则，使他成为反殖民独立运动的精神象征，并影响感化了全世界。甘地的智慧不在于他的智力，而在于他对人性的深刻理解和对和平的不懈追求。这样看来，一个人可能在某些领域表现出非凡的聪明才智，但如果缺乏对生命的认识感悟和正确的价值判断，没有真正善良的人性思想，聪明才智就是一场灾难。相反，一个看似平凡的人，如果他能够用感悟出来的大智慧指导自己的生活和行为，那么他的成就可能会超越那些仅仅依赖聪明的人。

虽说不具备大智慧，小聪明也可能让人得志，但那些自以为聪明的人，其实往往是最愚蠢的，蠢到用众人皆知的愚蠢去篡改众人的智慧，许多愚蠢的事都是自以为是的人凭借小聪明做出来的。要知道，聪明可以利己，也可以害己。“机关算尽太聪明，反误了卿卿性命”，杨修和王熙凤的悲剧结局，相信大家都不陌生。现如今，聪明和智慧的标准似乎变得更加多元化和复杂。在教育上，往往强调智力的发展，考试成绩和学术成就成为衡量一个人是否聪明的标准；在职场上，专业技能和创新能力被视为成功的关键因素；媒体和社交网络更是推崇那些能够迅速吸引公众注意力的聪明人。然而，这种对聪明的追求有时会导致对智慧的忽视。学校的学生被迫记忆大量信息以应对考试，而不是学习如何思考和理解；企业员工因为短期的业绩压力而牺牲长期的职业道德和个人成长；网红们在社交媒体上追求瞬间的名气排行和流量认证，而不是打造过硬的产品服务、建立深厚的人际关系。这样做的后果是显而易见的，年轻人学业出色但经不起生活挑战，企业家业绩达标但被资本裹挟内卷，网络红人一夜成名但很快又被新的热点取代。这种对“聪明”的过分追求和对“成功”的过度渴望可能会导致人们对智慧的误解和忽视。要知道，智慧不仅仅是知识的积累，更是对生活的深刻理解和对人性的洞察。它不是通过标准化测试来衡量的，而是通过个人的经历和反思来培养的，是认知人生及宇宙真实的能力。有了智慧，我们才能舍弃假相，了解真相，洞清真理。

聪明的人活在光环之下，而大智慧者本身就是一个发光体。可见智慧比聪明高出一个层次。具体高在哪里？高在有智慧的人能超脱自我，无我才能无私。如果能忘我无私，就可以做到不迷信、不迷失，智慧的泉水也就源源不断。古今中外著名的哲学家、思想家、文学家都有着智慧的身影，他们的手中都有一把叫“谦卑无私”的金钥匙，他们敢于承认自己的无知而并非无所不知，从此便开启了智慧的大门，直达智慧的宫殿。危难时刻也是一种考量，小聪明的人抓住鸡毛蒜皮，相互争论，推责诿过；大智慧的人抓住需求和瓶颈，有针对性地快速创造和出新，用科技和人的能力去化解难题、破除危机。

当然，智慧不是圣人的专利，也不是精神贵族的特权，它不会害己，也不会害人。智商高的人表现得很聪明，但不等于就有智慧；智商低的人被人看作愚蠢，但未必没有智慧。智者有智慧，愚者也会有智慧。所谓“下下人有上上智”，就是这个意思。郑板桥曾说道：聪明难，糊涂更难。“难得糊涂”也就是“难得智慧”，这种“糊涂”是需要智慧的“糊涂”，更多的是靠修炼。智慧的人可以把看不顺的事情看顺，把看不起的人看起，把快骂出的话收回，把想不通的事情想通。聪明人拿得起，能把自己闪光的一面表现出来，脱颖而出；智者放得下，能让别人把闪光的一面表现出来，替人喝彩。就好比一场聚会里，聪明人嘴忙，侃侃而谈，像茶壶；而智者耳忙，凝神静听，如茶杯。上善若水，茶叶终究要沉于壶底，壶里的茶终究要倒进杯中。

人的一生中，聪明与智慧是共存并进的。聪明不是错，更不是罪，关键是要有智慧地利用好自己的聪明，学会从心底里接纳自己，学会在生活中修炼品质，做到心中有梦但不急于求成，通过实践把聪明转化为智慧，努力地去遵循自己的良心，努力地去洞察人生的百态，努力地去领悟生命的真谛，最终活出真实的自我，成为真正的智者。只有这样，才能为自己的人生锦上添花，而不会让它成为人生的包袱。

知足常乐，
才不会盲目攀比

在这个瞬息万变的世界里，人们常常过分追逐各种物质和精神的享受，却往往忽略了生活中最本真、最珍贵的东西，那就是一颗积极向上的进取心。生活中的许多烦恼源自我们与别人的盲目攀比，有时候，人之所以觉得很累，我认为一半源自生存带来的客观压力，另一半则源于攀比带来的主观烦恼。人们常常为了名利、地位、物质、财富等外在因素奔波忙碌，而忽略了内心的真正需求与感受，这种对外在世界的过度追求，往往导致我们陷入无尽的焦虑与不满之中，心灵也因此失去了原有的宁静与平和。真正的幸福与满足并不在于拥有了多少，而在于我们如何去看待和珍惜自己所拥有的，学会知足常乐便是一条通往心灵宁静的智慧之道。

不懂得满足，盲目地攀比，即便你拥有再多，也不会觉得富有，也很难感受到真正的快乐。要知道，当我们不再为外在的成就和物质所困扰，我们的心灵便能追逐真正的幸福，这种幸福并非来自他人的认可或物质的堆砌，而是源自内心的平和与喜悦。当我们能够以一颗知足的心去面对生活，我们便能发现幸福其实一直都在我们身边。生活本就是一场修行，而知足常乐就是这场修行的最高境界。当我们学会了知足，学会了简单的生活，便能够从容面对生活中的诱惑与挑战，享受生活中的美好与惬意。

随着生活水平的提高，我们的物质条件是越来越好了，可许多人却发现幸福离我们越来越远了。那是因为人们总是对自己的幸福熟视无睹，却盯着别人的幸福嫉妒不已。不论是社交媒体晒出的奢侈物品或豪华旅拍，还是邻里之间对孩子成绩、工作成就的比较，攀比之风似乎无处不在，像一张无形的网，将人紧紧包裹其中，让人在不知不觉中陷入了焦虑和不满的泥潭。要知道，痛苦是比较出来的，幸福是珍惜得来的。知足常乐就是自己给自己开方子，不攀比是方子里必不可少的一味特效药。试想一下，如果总是向外观察别人，不在乎自己的内在，怎么可能知足？我们总偏爱别人拥有而自己没有的各种美好事物，这时心理失衡就产生了，这种不平衡的心态最后伤害的是自己。你活得不快乐，往往是因为既无法忍受目前的状态，又没有能力改变当下的一切。当我们不断地将自己与他人进行比较时，往往容易自卑或者嫉妒；当我们过度地关注他人的生活时，往往会忽略身边人的感受；当我们拼命地追逐别人所拥有的东西时，往往逐渐迷失自己的方向。其实，你所拥有的正是别人所羡慕的。当你拥有一颗知足的心时，你会发现身边其实有很多值得珍惜的东西，也许是家人的健康陪伴、朋友的真心关怀，或者是工作中的小小成就、邻里之间的和睦相处。这些看似微不足道的点滴，却构成了我们生活中最真实、最温情的部分。只有懂得珍惜的人才会找到快乐，也只有懂得知足的人才能找到幸福。

如果懂得知足和珍惜，你会发现获得的越来越多；如果一味地攀比和追求，你会发现失去的越来越快。就像用力去抓指缝的沙子，用网去捞水中的明月，用棍去打风里的影子，盲目地追逐往往适得其反。生活中遇到坎坎坷坷、跌跌撞撞，都是在所难免的，只有放下过去才能更好地前行，什么事情都不能想得太繁杂，那样只会庸人自扰，心灵的负荷重了，就会怨天尤人。人生总会有许多的不如意，也会有许多的不公平，会有许多的失落，也会有许多的收获。你羡慕我的自由，我羡慕你的稳定；你羡慕我的车，我羡慕你的房；你羡慕我的工作，我羡慕你的悠闲。或许，我们都是远视眼，总是活在对别人的仰视里；或许，我们都是近视眼，往往忽略了身边的快乐。其实，为你的烦恼和忧伤垫底的，从来不是别人的不幸和痛苦，而是你自己对生活的态度和对幸福的理解。戴三百块钱的表和戴三百万元的表，拥有的时间是一样的；喝三十块的酒和喝三千块的酒，呕吐的结果是一样的；住三十平方米的房子与住三百平方米的房子，孤独的感受是一样的。对物质生活的追求，我们永远都不会感到满足。也许有人会反驳说，对物质、名利、权力的追求是为了更好地享受生活，这样才能幸福。这话听起来似乎有几分道理，但对物质的过度追求，往往会物极必反，倒也并非让我们去降低追求美好事物的欲望，而是要学会把自己置身于幸福的状态。如果不懂感恩知足，对自己拥有的幸福视而不见，那么就算你拥有了全世界，你也不会感到快乐。贪婪的人，没有一把椅子是舒服的；知足的人，躺在哪里都很满足。

当然，知足不是安于现状，而是在快乐中不断进取。在进取中无须攀比，应让心境不断成长和升华。要知道，知足是人一生的财富，贪婪是人的一大不幸。有时我们走得太累，不一定是因为走得太远，而是我们背负得太多；有时我们活得太累，不一定是因为缺得太多，而是我们要得太多。知足的人，不在于要得到什么，而在于珍惜已经得到的；贪婪的人，不在于已经得到的，而在于还能更多地得到什么。人生有时减一点就知足常乐，加一点就欲壑难填。知足不在于多添柴禾，而在于压下火苗；不在于累积财富，而在于减少欲念。幸福其实不是一道证明题，而是一种满足感，不要用你的生活质量来证明你的幸福指数，但你对生活的满足感却能透露出你人生的幸福感。不懂满足的人，即使睡在天堂也觉得身在地狱。

贪得无厌者身富而心贫，知足常乐者身贫而心富。愿你我在喧嚣繁华中保持一颗平静淡然的心，学会珍惜和感恩，不断地追求进步和成长，眼光往长远看，姿态往低处放，凡事往好处想，用知足的心态迎接生活的每一天。

矢志报国，皆为中华之崛起

回望百年奋斗路，我们之所以能从容应对惊涛骇浪，凝聚砥砺前行的万丈豪情，开辟民族复兴的光明坦途，关键就在于我们有一代又一代胸怀大志的民族脊梁。他们在狼烟四起的战争岁月中挺身而出，在风雨动荡的生死关头力挽狂澜，在探索真理的艰辛道路上孜孜以求，在改革奋进的建设大潮中勇立潮头，他们在平凡的工作岗位上默默奉献自己的青春和热血，为民族的解放、国家的富强作出了不可磨灭的贡献。每个年代的国之脊梁都是那个时代的璀璨星辰，他们的名字，或许会被载入史册，或许不为世人所知，但他们共同撑起了中华民族的蓝天。

面对列强的侵略与压迫，他们用鲜血和生命捍卫了国家的尊严与独立，用思想和力量点燃了中华民族最深沉的爱国情怀、最坚定的抗争意志、最炽热的赤子之心。从林则徐的虎门销烟，到太平天国的英勇抗争；从甲午海战的悲壮落幕，到辛亥革命的震耳枪响；从抗日战争的烽火连天，到开国大典的红旗漫卷。他们中间有领导中国人民推翻三座大山，为建立新中国失去六位亲人的毛泽东；有传播马克思主义、首倡建党，在绞刑架面前做最后一次演讲的李大钊；有“砍头不要紧，只要主义真”的夏明翰；有“敌人只能砍下我们的头颅，决不能动摇我们的信仰”的方志敏；有牺牲时胃里没有一粒粮食，只有草根和棉絮的杨靖宇……无数仁人志士挺身而出、舍生忘死，带领中华儿女谱写出民族的希望与辉煌，他们是国家的骄傲和脊梁，他们用实际行动诠释了英雄烈士的深刻内涵。

面对革命、建设、改革的艰难与险阻，他们用智慧与勇气描绘出自强与繁荣的蓝图，为民族独立、人民幸福、国家富强顽强奋斗，指引着中华民族从封闭落后走向崛起开放。从南湖红船到南昌起义，从遵义曙光到延安精神，从建国大业到改革开放，一路走来，在中国共产党的坚强领导下，广大热血青年积极投身革命，在中华大地上书写了可歌可泣的壮丽篇章。回望过去，前进的道路从来都不是一帆风顺的，其间遭遇过许多艰难险阻，经历过许多生死考验，付出了许多惨烈牺牲。每逢危难关头、关键时刻，共产党人总是冲锋在前，共产主义信仰在他们心中如同永不褪色的精神旗帜、抵御诱惑的精神堡垒、催人奋进的精神力量，引领他们披荆斩棘，克服重重困难，战胜无数强敌，从胜利走向胜利，这才开辟了伟大道路、创造了伟大事业、取得了伟大成就。他们为祖国和民族建立的丰功伟绩永载史册，他们的崇高精神永远铭刻在人民心中。

面对新中国成立初期的落后与孱弱，他们以钢铁般的意志和不懈的努力，用一生的奉献为祖国的科技进步奠定基石，照亮了民族崛起的康庄大道，成就了那个时代的辉煌。从荒漠戈壁到浩瀚星空，从高端装备到精密仪器，从重大工程到基础材料，从科技创新到产业升级。两弹一星，东风“快递”；蛟龙入海，神舟飞天。新中国成立以来，广大科技工作者攻克一个又一个科学难题，突破一个又一个技术难关，在祖国大地上树立起一座座科技创新的丰碑，谱写一曲曲壮丽辉煌的科学赞歌。他们中间有埋名戈壁数十载，遗体还能检测出核辐射残留的“两弹元勋”邓稼先；他们中间有遭遇空难不幸离世，怀里还紧紧抱住完好无损导弹资料的“烈士院士”郭永怀；有80岁高龄还果断出山，第三次向芯片研发发起挑战，研发出性能已达到国际主流产品水平并在部分方面实现突破的龙芯3号的黄令仪；有隐姓埋名，在遥远的秘密荒岛上，从零开始造出美国人花了几十年才造出来的核潜艇的黄旭华……沙场为国死，马革裹尸还，人生短短数十载，中间的这二三十年是一个人最宝贵的青春，而中国最聪明的一群人却甘愿把这段最珍贵的时光，沉进戈壁滩的漫漫长夜。他们是为了什么？为了钱？在茫茫戈壁，钱是最没用的东西。为了荣誉？国家为了保护他们，甚至把他们的真实姓名都从档案中划去了。没有姓名，谈何荣誉？在西北工业大学长安校区有一个偌大的石人雕塑，它面垂大地，双手捧剑，这个雕塑想表达的意思非常有意义——隐姓埋名，为国铸剑。还有太多太多，没有被提到名字的新中国铸剑人，他们的传奇，才是真正值得我们推崇的。这些科学家在极其艰苦的环境中，克服难以想象的艰难险阻，经受生命极限的极致考验，把一生奉献给祖国的科研事业，把个人理想与祖国命运紧紧联系在一起，把对祖国的爱体现在一言一行中，他们诠释了什么是真正的奉献和爱国。他们不追求奢华，只为科研和国家的未来付出所有。他们以身许国，却从未对国家提出要求，他们是我们屹立在世界民族之林的自信，是我们创新发展不断超越的强劲动力。

面对新时代的机遇与挑战，国之栋梁的身上有更加坚定的信念、更加卓越的能力、更加开阔的视野。在科技创新领域里，他们勇攀高峰，攻克“卡脖子”技术难题，为实现科技自立自强贡献力量；在经济建设过程中，他们引领高质量发展，推动产业结构优化升级，为构建新发展格局提供有力支撑；在社会治理工作中，他们扎根基层、关注民生，促进社会公平正义，增强人民群众的获得感、幸福感、安全感。他们不仅是知识的探索者，更是时代的弄潮儿；他们不仅是民族的骄傲，更是国家的未来。他们以实际行动诠释着“不忘初心，牢记使命”的铮铮诺言，以不懈奋斗书写着属于新时代的辉煌篇章。

征途漫漫，唯有奋斗。百年时间，对苍茫浩瀚的人类历史来说，不过沧海一粟，而对苦难深重的中华民族来说，已是沧海桑田。从饱受屈辱到自立自强，是他们匍匐在地，擦干祖国身上的耻辱；从渴求援助到“一带一路”，是他们以身报国，换来国家今天的和平繁荣。中华民族伟大复兴的背后，暗藏着无数英雄舍弃锦绣前程为国奉献的光辉事迹，是他们让我们从“东亚病夫”变成“东方巨龙”，是他们让我们从弯腰驼背到挺起脊梁。这一刻，“矢志报国”四个大字终于具象化了；这一刻，我才突然明白，纵有天佑华夏，更需我们永不屈服的抗争。没有他们，今日之美好生活从何而来？没有他们，今日之中国又何以傲立于世界东方？他们的事迹，如同一座座灯塔，照亮我们前进的道路；他们的精神，如同一股股清泉，滋养人民群众的心灵；他们的历程，如同一座座丰碑，给予我们智慧的启迪。

鲁迅先生曾说过，我们自古以来就有埋头苦干的人，有拼命硬干的人，有为民请命的人，有舍身求法的人……你看不见黑暗，是因为他们把黑暗挡在你看不见的地方。他可能是一个怀揣梦想的有志青年，也可能是一位矢志报国的科研专家；可能是一名出类拔萃的改革先锋，也可能是一个爱岗敬业的杰出人才。从战争动荡到和平盛世，从文治武功到科技创新，从经济建设到社会进步，矢志报国的身影无处不在：他们或以笔为剑，唤醒民族意识；或以身为盾，守护国家安宁；或以智为翼，推动科学进步。他们的每一次努力，都是对“位卑未敢忘忧国”的最好注解，都是对“天下兴亡，匹夫有责”的深刻践行，他们每一个人都值得被国人铭记。历史的画卷，在砥砺前行中铺展；时代的华章，在接续奋斗里书写。世界百年变局加速演进，我们还有更远大的梦想未实现，怎能逃避困难、轻言放弃？时代的接力棒正传递到你我这辈人手中，故事的续写，舍我其谁？我们当继承弘扬先辈们的精神与风骨，用大海一样波澜壮阔的博大胸怀，用蓝天一般晴空万里的豪情万丈，拒绝躺平、继续前行，去追逐那远方的光明灯塔。这华章的赓续，当仁不让；这梦想的追逐，责无旁贷。

人生万事须自为，跬步江山即寥廓。我们要志存高远、善积跬步，把人生理想融入国家和民族的事业中，倍加珍惜先辈们用鲜血和生命换来的新中国，在精彩的人生赛道上扛起时代使命，坚定不移听党话，矢志不渝跟党走，在风雨兼程的道路上砥砺前行，在烈火淬钢的实践中摔打历练，为可爱的中国奋楫扬帆、踏浪前行，不负党和人民的殷切期望，创造出无愧于祖国、无愧于人民、无愧于时代的光辉业绩，为国家和民族的发展注入更多的动力和活力，为国家昌盛与人民福祉贡献我们的智慧和力量，为中华民族伟大复兴的中国梦的实现奋勇前进！

观世悟界

今天，对我来说是一个特别的日子。当这本散发着油墨芳香的作品终于“新鲜出炉”，我的心情除了激动，更多的是感恩。对于一直支持我、鼓励我的读者，我应该用最隆重的方式来表达我的谢意，感谢大家给予我如此多的关注与厚爱，正是你们的关心和支持，让我的文字得以走进更多人的心灵，让我的所思所想成为连接彼此的桥梁。我一直在思考，如何用自己戎马半生和从政的经历，以及一些生活的感悟，去启发、帮助更多的人，实现我没有实现的梦想。

这本书是我多年来利用闲暇时光零散记录的点点滴

滴。我写作、我朗诵、我绘画、我弹琴，为美好生活歌唱，用作品告诉更多的人：如何对待工作，让理想更丰满；如何经营小家，让港湾更温馨；如何保持本真，让身心更愉悦……回首创作的历程，在字里行间，我用自己的所思所想、所感所悟，试图去捕捉那些稍纵即逝的瞬间，去定格那些触动心灵的画面，去传递那些难以言说的情感。每一篇文章的诞生，都如同一粒种子，深植于生活的土壤之中，这些文字，有的直抒胸臆，有的发人深省，有的催人奋进，饱含哲理、富有情怀、充满正能量，容易引起广大读者的共鸣。

回首往昔，历历在目：从长江岸边童年时光的美好记忆，到珠江两岸军旅生涯的坚韧磨砺；从地方工作的勤奋努力，到人生道路的跌宕起伏。这些经历塑造了我独特的世界观与人生观。我深知，每个人的生命都是一部未完待续的史诗，而我只是一个记录者，用文字去书写那些值得铭记的瞬间，去传递那些引人深思的灵感。

长江的奔腾不息，赋予了我勇往直前的勇气；军旅生活的艰苦卓绝，锤炼了我坚韧不拔的意志；党政机关的人文氛围，提升了我的文化底蕴。虽然人到中年，但我一直在读书，一直在思考，一刻也没有懈怠。这些经历，如同一幅幅生动的画卷，铺展在我人生的道路上，成为我潜心创作的素材。在书中，我不仅描绘了那些感人至深的瞬间，更试图通过文字去挖掘那些隐藏在背后的深刻哲理。我相信，每个人的生命都蕴含着无尽的智慧与力量，只要我们用心去探索、去体悟，就能找到属于自己的答案。

这本书分为修身、齐家、观世界三个篇章，从内在修养、家庭和睦到认知世界，着力让读者领悟到，真正“困”住你的不是这个世界，而是你对这个世界的认知。唯有打破认知壁垒，才能看见更广阔的世界。

修身养性，正如我在《善良是一种人性的光辉》中写道：“丢掉了善良的本性，成长的过程就是迷失的过程。”没有真正善良的本性，再聪明的智慧也将是灾难。只有多念别人的好，才能修好自己的心。

齐家之道，正如我在《一个家庭最好的风水，就是好好说话》中写道：“好好说话，意味着在冲突面前保持冷静、在误解面前耐心解释、在痛苦面前给予抚慰。”家是讲爱的地方，不是说理的讲堂。可见，只有学会说话，说好听的话，才能家和万事兴。

在“观世界”的《铭记历史，致敬英雄》这篇文章中，我深情地回顾了历史上那些英雄人物，他们用自己的青春与热血，书写了一部部可歌可泣的壮丽史诗。我试图通过文字去描绘和传递他们对国家的忠诚与热爱。我坚信，历史是一面镜子，它能够让我们看清过去的苦难与辉煌，从而更加珍惜现在的和平与繁荣。

《人到中年，也应该有诗和远方》是我对中年人生的深刻思考。在这篇文章中，我试图通过文字去描绘中年人的内心世界，去体味他们在面对生活压力与人生困境时的挣扎与成长。人到中年，有多少人的诗和远方，一直都遥不可及，远方看似遥远，却在心底若隐若现。有些事，还是要竞而不争，万般随缘；有些路，最终还是要一个人走，即使前路漫漫、荆棘满满，只要勇敢地闯过去，你所经历的艰辛，总有一天能笑着说出来。

我深知，执着能让我们在追求梦想的过程中不断前行，而释怀则让我们在面对挫折与困境时能坦然面对。就像“人”字的写法：“一撇写尽前半生，写的是执着；一捺写尽后半生，写的是释怀。”一个“人”字，足以阐述执着与释怀的辩证关系，对人字的解释，既是我人生轨迹的真实写照，也是我观世界形成的世界观。

在创作的过程中，我深刻地感受到了文字的力量与魅力。文字如同一把钥匙，能够打开我们心灵的大门；文字如同一盏明灯，能够照亮我们前行的道路。通过文字，我们能够进行心灵的交流与碰撞，共同分享那些对生活的感悟与思考。这种发自内心的感受，让我深感欣慰与自豪。

在这里，我要特别提到我已经出版的另外两部作品——《走近智慧》和《不奋斗，还要青春干什么》，这两本书也深受读者喜爱，正是大家一直以来的鼓励与支持，给了我巨大的创作动力，让我的思想插上了飞翔的翅膀。这些，都是我对生活、对青春、对梦想的洞察与思考。希望通过我的作品，让更多的年轻人知道：青春只有拼来的精彩，没有等来的辉煌，不吃拼搏的苦，就会流“躺平”的泪，不要在该奋斗的年龄选择安逸，趁年轻，奋斗吧！别把愿望等成遗憾。

我曾说过：“学习是知道别人怎么做，思考是知道自己该怎么做。”我认为，在观世界的过程中，我们不仅要在学习中思考，更要在思考中总结，在总结中提高，以达到交融、互动、转化的效果，形成自己独特的见解和思维方式。只有这样，我们才能在面对复杂多变的形势时保持自我、砥砺前行。

《只有观世界，才有世界观》这部书，不仅仅是一部散文集，更是一部关于人生、社会、世界的哲学思考。我希望这部书能够像一盏明灯，照亮读者前行的道路；像一把钥匙，打开读者智慧的大门。这就是我创作的初衷，希望能起到抛砖引玉的作用。但愿每一位读者都能受到启迪、找到共鸣，都能在阅读的过程中学有所获、学有所用。让我们共同携手，用文字去描绘更加美好的未来，用智慧去点亮更加灿烂的人生。让我们一起在这部书中，去领略那些别样的风景，去感悟属于我们的智慧人生。

最后，我要用一首诗来表达我此时的心情，与大家共勉：世界观里见天地，眼界宏阔心自明。观世界中继绝学，同为万世开太平。

后 记

我自幼生活在万里长江边的一个布衣之家，成年后投笔从戎，三十五载青春奉献给了祖国。作为一个为人民服务的子弟兵，以及转业到地方从事大数据事业的马前卒，几十年来，我十分珍惜自己的工作，始终遵循自己立下的“堂堂正正做人，清清白白做事”的规矩。工作中，勤恳踏实，任劳任怨；生活中，琴棋书画，微有所得。

作为行伍之人，舞文弄墨之事，并非我之长项。我本无心著书，也无意立说。然则，自步入知天命之年以来，因生活的积累，便对人生有了一些感悟。因此，在应付常规事务外，闲暇之余，亦有所思、有所记，日积月累，亦有所集。在朋友们的鞭挞下，出了这部《只有观世界，才有世界观》的文集。这部集子，收录了我转业以后撰写的部分散文、杂文、随笔等40篇共16万多字。在编辑的过程中，虽然没有重新认真推敲这些文字，但我认为其中的每一字、每一句都是我用心灵的笔触刻画而成，是我在生活中所感悟到的一种精神追求。这些文字，记录了我从军以来的内心情感与生活状态。我希望通过这部集子与读者架起一座沟通的桥梁。我希望通过这些文字更好地与大家进行交流，与读者建立一种心灵共鸣。同时，创作这本集子，也算是对自己几十年工作生活的一次小结。但愿这本书能起到承前启后的作用，所谓“前事不忘，后事之师”，让未来的日子更加快乐，更加丰富多彩！

有人说，诗言志。而我则认为：文不仅言志，还能辨理，更能言情。择或此集，不为所求，焉知祸兮福兮，且初衷亦由“匹夫有责”而然，并无恶秽之意。综上所述，人生在世，逝者如斯，闲情偶寄，言为心声，为事一时，为人在世，有感而发，坦坦荡荡，遥望沧海桑田，且论世态炎凉。哪顾风吹浪打，胜似闲庭信步。常言道：穷则独善其身，达则兼善天下。虽已知天命，更应奋发有为，且忆往昔，峥嵘岁月稠，看今昔，改革大潮奔涌，展望未来，但愿世界和谐、社会和谐，岁岁年年人和谐。至此，让我们以博大的胸怀，面对光辉灿烂的每一刻！

最后，借此机会向所有爱我、关心我、支持和鼓励我的朋友表示诚挚的敬意。在创作这部集子的过程中，得到过许多领导、朋友的大力支持：向为《只有观世界，才有世界观》作序的迟浩田首长表示感谢！向一贯关注、点评、鼓励我创作的刘春林先生、鲁修禄先生、周德国先生等表示感谢！向一直支持我的家人们表示感谢！在出版和发行这部集子的过程中，也曾得到过许多单位的大力支持，特别是广东人民出版社、广东广播电视台、南方新闻网、南方经视。在此，一并感谢！另外，因水平有限，疏漏之处，在所难免，敬请广大读者批评指正。

魏文涛

2025年1月1日于广州

强国有我

1=F $\frac{2}{4}$

作词：魏文涛
作曲：栾　凯
演唱：吕继宏

（领唱与合唱）

奋进 担当地 进行曲速度

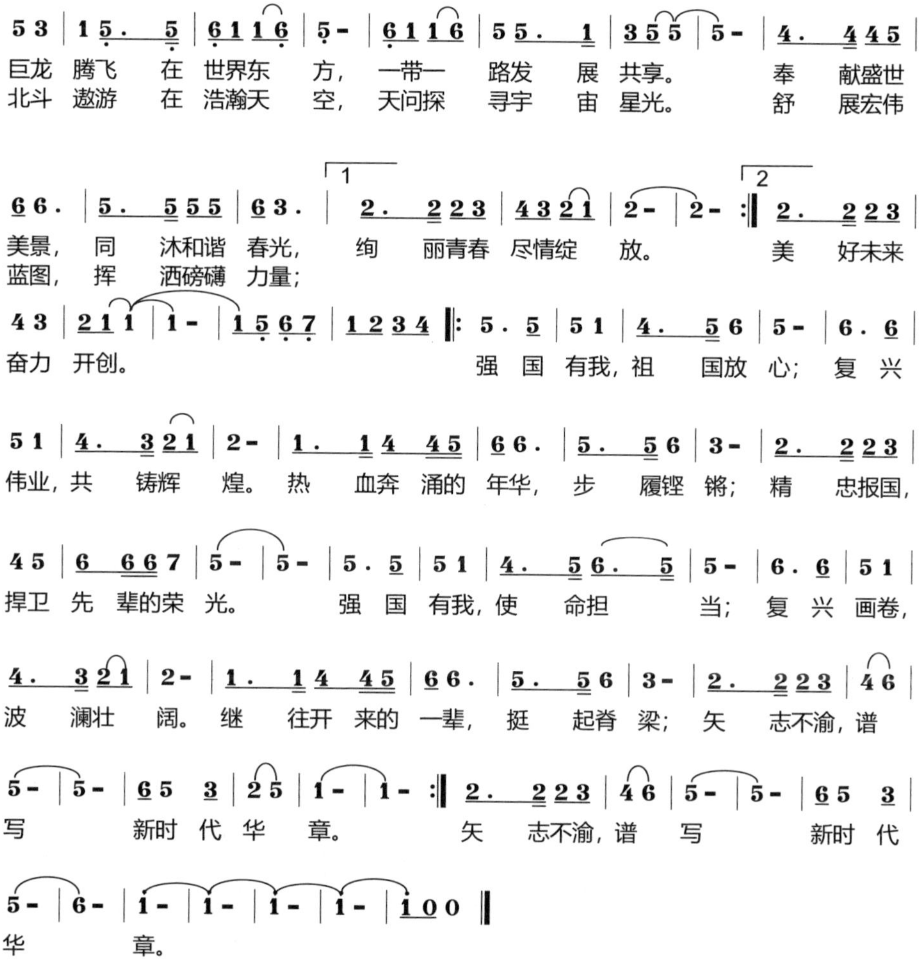

我们都是湾区人

（戴玉强、龚爽演唱）

魏文涛 词
黄国群 曲

1＝F 或 ♯F 6/8 3/8
热情奔放、优扬婉转地 ♩＝174

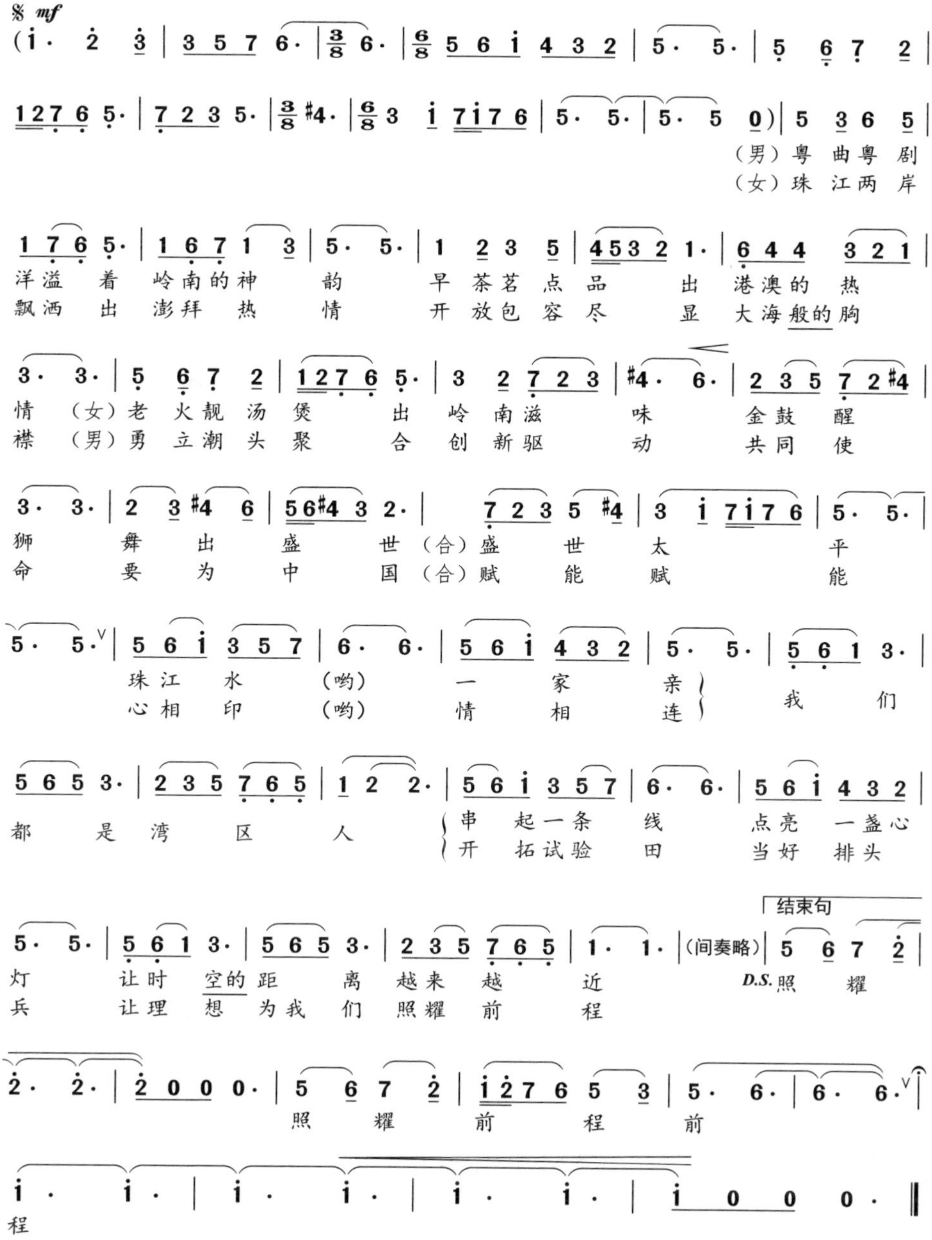